保育所実習

山岸道子　編著

井戸ゆかり／榎田二三子／倉田　新／三溝千景／髙橋貴志／義永睦子

ななみ書房

まえがき

　保育士をめざして夢を広げ，そして実習を前にしてちょっぴり不安な気持ちになっている学生のみなさんへ，このテキストをプレゼントします。

　このテキストは保育士の養成校で実習の指導をしてきた教員が，皆さんの実習が実りあるものになるように願って書いたものです。

　きっと，どのページにも皆さん方が知っておくべきこと，知っておいてよかった！　と思うことが一杯詰っています。それを読むうちに皆さん方は霧のかなたに良く見えなかった「保育所実習の全体」が見えてきて，何となく，安心できると思います。

　養成校の実習指導の時間に合わせてこのテキストを活用し，実りある実習を行ってください。

　子どもたちのかわいい笑顔が待っています。子どもたちの甘えも，涙も体験するでしょう。水や太陽，風，そして園庭の砂場，散歩の風景，人間としても健康的なその環境で皆さんたちが得るものは大きいと思います。

　どうか，このテキストを読み込んで閉じるとき，不安は期待と希望に満ちていることを願っています。

　平成17年4月から個人情報保護法が制定されました。このテキストではたくさんの写真で皆さん方に分かりやすくしています。しかし，この写真はすべて保護者の方々の御了解を得た上で掲載していることを付記します。

2007年4月
編者　山岸道子

もくじ

まえがき

第1章　保育所実習

1 保育士資格取得と実習 …………………………………………… 9
　1　「保育士」資格とその背景　9
2 保育所実習の意義と目的 ………………………………………… 12
3 保育所に求められるもの，保育士に求められるもの ………… 14
　1　保育所に求められるもの　14
　2　保育士に求められるもの　14
4 保育所の日常 ……………………………………………………… 16
　1　通常保育の一日　16
　2　通常保育以外で多く行われている事業　28
　3　乳幼児健康支援一時預かり　29
　4　育児センター　30

第2章　保育所とは・保育所保育士とは

1 保育所保育士の社会的使命と保育サービス …………………… 31
　1　保育所保育士に求められている社会的使命　31
　2　さまざまな保育の場－保育所・幼稚園・認定子ども園－　36
　3　少子化・次世代育成支援対策と多様な保育サービス　41
2 国家資格としての保育士 ………………………………………… 44
　1　国家資格となった保育士資格　44
　2　国家資格「保育士」の責任　46

第3章　保育所の保育内容

- ❶ 保育内容を学ぶ視点 …………………………………………… 49
- ❷ 制度上求められる保育内容の考え方 ………………………… 50
    - ① 児童福祉法・児童福祉施設最低基準における保育内容の考え方　50
    - ② 保育所保育指針における保育の考え方　51
- ❸ 保育所における養護と教育 …………………………………… 53
- ❹ 保育内容の構造 ………………………………………………… 55
    - ① ねらい及び内容　55
    - ② 領　域　56
- ❺ 保育計画・指導計画 …………………………………………… 58
    - ① 保育計画　58
    - ② 指導計画　59
    - ③ 実習の場で計画を学ぶ意義　59

第4章　保育所の運営

- ❶ 保育所は児童福祉施設である ………………………………… 61
    - ① 児童福祉施設の種類　62
    - ② 保育士　63
    - ③ 保育施設の種類　64
- ❷ 保育所の運営 …………………………………………………… 65
    - ① 多機能化する保育所の役割　65
    - ② 保育所の保育時間　67
    - ③ 保育所の入所基準　67
    - ④ 保育所が行う多様な保育サービス　68
    - ⑤ 保育所の職員　72
    - ⑥ 保育所の保育理念と保育内容　72

第5章　保育所実習に向けての準備

- ❶ 実習に必要な手続き …………………………………………… 77
    - ① 実習の手続きの流れ　77
    - ② 実習園を決める　78
    - ③ 必要な書類　79
- ❷ 実習園の理解 …………………………………………………… 80
    - ① なぜ実習園を理解するのか　80
    - ② 実習園でのオリエンテーション　81
- ❸ 充実した実習のための学習 …………………………………… 84
    - ① 実習課題を立てる　84
    - ② 参加観察実習に必要な準備　86
    - ③ 部分実習に必要な準備　87
    - ④ 責任実習に必要な準備　88
    - ⑤ 実習日誌の書き方　88
    - ⑥ 指導計画（指導案）の書き方　91

第6章　保育所実習の実際

- ❶ 良い実習にするためのマナー ………………………………… 95
    - ① 「身につく」ということ　96
- ❷ 受け入れる保育所側の様子 …………………………………… 98
    - ① 保育所が実習生を受け入れるということ　98
    - ② 実習段階と実習期間の流れ　100
- ❸ 実習中に出会いやすい困りごと ……………………………… 105
    - ① 体調が悪くなりかけたとき　105
    - ② 職員との人間関係に困難がある場合　106
    - ③ 子どもとの関係　107
    - ④ 本当に困ったら　108

第7章　保育所実習での学びのポイント

1 子どもとのかかわり ……………………………………………… 109
　1　実習をする前に　109
　2　観察のポイント　110
　3　かかわり方のポイント　113

2 保護者対応 ……………………………………………………… 116
　1　さまざまな保護者　116
　2　観察のポイント　116
　3　観察をする時の留意点　118

3 地域の子育て支援 ……………………………………………… 120
　1　子育て支援の目的と課題　120
　2　地域のニーズ（地域性）を考えた支援　121
　3　保育所が果たす地域での役割　121

4 職員の姿勢から学ぶこと ……………………………………… 123
　1　職員の構成と役割（職務内容）を知る　123
　2　職員の姿勢から何を学ぶか
　　　－社会人・保育士としての姿勢－　123

第8章　実習の振り返りを役立てる

1 実習の整理 ……………………………………………………… 125
　1　実習を整理することの必要性　125
　2　実習日誌の活用　－実習日誌が果たす役割－　128
　3　実習日誌の活用　－「書く」行為がもたらすもの－　129
　4　養成校内での反省会　130

2 振り返り ………………………………………………………… 131
　1　保育において「振り返る」ことがもつ意味　131
　2　自己評価　－省察－　133
　3　施設（保育所）の評価　136

4　巡回教員の評価　139
3　保育士へのさらなる道 …………………………………………… 140

引用・参考文献　141

執筆分担　（執筆順）

山岸［第1章］　　義永［第2章］　　三溝［第3章］
倉田［第4章］　　榎田［第5章］　　山岸［第6章］
井戸［第7章］　　髙橋［第8章］

第1章 保育所実習

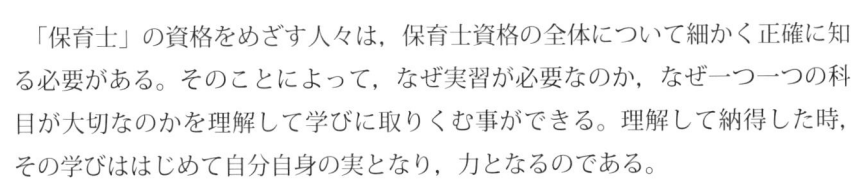

　「保育士」の資格をめざす人々は，保育士資格の全体について細かく正確に知る必要がある。そのことによって，なぜ実習が必要なのか，なぜ一つ一つの科目が大切なのかを理解して学びに取りくむ事ができる。理解して納得した時，その学びははじめて自分自身の実となり，力となるのである。

　この本では，各章のタイトル内容に入る前にそのことにしっかりふれていく。他章でも同じような記述があると簡単に思わずに，テーマへの道すじに必要な内容として受けとめてほしい。

1　保育士資格取得と実習

1　「保育士」資格とその背景

　「保育士」資格は，昭和22年児童福祉法制定時に設置された資格である。その当時，資格名は「保母」であり，その後「保父」資格ができ，平成11年児童福祉法施行規則の改正により「保育士」となり，さらに平成15年この資

格は従来の任用資格から国家資格になったのである。この流れは社会福祉士の流れに似ていて，社会福祉士は，昭和26年に制定された社会福祉主事任用資格をさらに専門職として位置づけるために昭和62年社会福祉士法，介護福祉士法の中で誕生した主に相談援助業務を主務とする資格である。ただし，この場合，社会福祉主事任用資格はそのまま存続された点が保育士資格への移行と異なる。

　この社会福祉士法制定を皮切りに，次々と社会福祉分野において国家資格が誕生した。社会福祉士，介護福祉士　介護支援専門員，精神保健福祉士，周辺では理学療法士，作業療法士，言語聴覚士などがそれである。今後，国家資格化の動きのあるものもある。例えば，ホームヘルパーや住環境コーディネーター，音楽療法士など次々と国家資格化を目指している。

　世の中には多くの資格がある。茶道や華道など古くからの伝統ある分野などでもさまざまな資格制をとっているが，いづれも国家資格ではない。それはなぜだろうか。

　社会福祉の分野はその対象が「何らかの状況で自分の生活を自分や家族などだけでは支えられなくなった人々が援助の手を求めて利用する分野」である。そこには「困難」がある。長い困難の末の心身の疲労もある。それゆえに損なわれた尊厳もある。

　それらを理解し，適切なサービスを提供すると共に利用者の方々の尊厳（プライド）を大事にしていくためには「国家」資格ほどの見識，技術，人格が求められるのである。

　保育士の場合，一見「かわいい子どもと遊ぶ」「楽しい」というイメージがあり，上記の表現とは重ならないような認識をもちがちであるが，保育所は児童福祉施設

▶子どもに囲まれる保育士
楽しそうに子どもと遊ぶ保育士。しかし，その一人一人が大切な責任と役割を抱えている。

であり，児童福祉法に基づいている。児童福祉法は社会福祉関連8法の一つであることを考えると理解できよう。

　保育士には，特に国家資格になってからさまざまな任務が課されるようになった。例えば保護者支援，地域支援等である。特に保護者の中でも手厚い支援が必要な保護者，虐待などにさらされている児童の保護者への支援も重要な役割である。地域関係も同様であるし，子どもも「手のかかる子ども」「気になる子ども」など，専門的知識や技術が求められる子どもの保育が役割の中に入っている。これらをクリアできなければならないのである。そのためには「国家資格」のレベルの力量が求められる。

　このことからも「保育士」は大変な資格であることが理解できると思う。それゆえに厳しい学習も求められるが，しかし，それだけ社会的にも認められた資格であり，処遇もされていくことになるのである。何よりも永い将来のある子どもの幸せな人生の基礎造りという，やりがいのあるそして大変重要な仕事である。

　ここで，つけ加えておくと，保育士の資格は保育所の保育者だけのための資格ではない。児童福祉法に定められた14（注1）の児童福祉施設のすべての保育者を保育士という。その資格取得のために必要な単位の中に実習があるのである。通常それを「保育実習」という。「保育実習」はいわゆる「保育所」の実習と「その他の児童福祉施設」での実習に分かれている。ところが，保育所は全国で22,000箇所以上あり，他の児童福祉施設を合わせてもずっと多いので，「保育実習」というと「保育所実習」と錯覚しやすいのである。しかし，上記で記述したとおり，保育士資格取得にはその両方の履修が必修である。保育士というと保育所をイメージするので「なぜ施設に行かなければならないの？」と疑問を持つ学生もいるが，この基本の認識は重要で，この認識が不充分だと施設の実習で思わぬ失敗をしてしまう。ただし，本著では「保育実習」のうちの保育所の実習に焦点をあてて考えていく。

（注1）平成9年に行われた児童福祉法の改訂により，第7条の「児童福祉施設とは…」の一部が改訂され，それまで含まれていた虚弱児施設が時代の流れの中で，児童養護施設に含まれ，削られ14→13施設となった。教護院の児童自立支援施設となり，それと併設している児童家庭支援センターが含まれた。この部分の解釈（及び）で，14施設とするか，13施設とするか著者により違いがある。

2　保育所実習の意義と目的

　日本や世界にはさまざまな資格がある。それらは皆，その道の専門家であることを社会に示すためのものである。資格にはいろいろな種類があるが，国家資格は最も高いレベルの資格である。そのことに誇りと責任を持って取得して，生涯の自分の仕事の支えとしていきたい。

　そのためには保育士資格取得のための必修科目が設定されている。この具体的な科目や取得の方法は児童福祉法の改正などで今後も変更される可能性はあるが，その時々の規定によって定められる。

　私たちは病気になって手術する場合，手術の経験がない医師に手術をしてもらうことにはためらいを感じる。できれば養成機関でしっかりと知識も技術も磨くことに努力を惜しまなかった医師に執刀してもらいたいと思うものである。

　保育も同様で，保護者が宝物のようなわが子を預ける保育士はしっかり学習し，実習も重ねてきて欲しいと考えるのは当然である。

　就職したら，新米だから，見習いのよう……というわけにはいかない。その日から専門職である。その日から子どもへの声かけもかかわりにも責任を持たなければならない。そのためには資格取得の前提として現場での学び，すなわち「保育実習」が必要である。理論的な多くの科目を履修しても子どもとの直接のふれあいの中でこそ，理論の真の納得もできるのである。

　実習は学生にも緊張の期間であり，保育所にとっても「指導」の手間のかかることでもあるが，この一期800時間，二期800時間の期間は2年間の他の

▶子どもたちへのお話場面
子どもたちにお話をする保育士。わかりやすいと皆よく聞く。実習生も聞いている。

学習時間に匹敵する多くの学びがあるものである。

　自分がイメージしていた「保育士」という仕事をきちんと体感的に認識できることでもあり，プロの仕事のあり方なども実感する。

　実際に実習後には教員から見ると多くの学生が「大人になった」と感じるほどの成長をする。また，保育所の話をしてもきちんとかみ合って議論ができる。

　それほどに実習は大きな意味がある学習である。

　実習を実りあるものにするためには，事前の学習が必要である。科目の中には「実習指導」という科目があるが，この科目だけでは実習準備とはいえない。その他の多くの科目の中に保育士となるために必要な内容が含まれ，それを学習するわけでそれらの集大成に，直前のノウハウを実習指導で行うと考えることが好ましい。例えば保育所とは何かについては「児童福祉論」のなかで学習するし，また，児童福祉の含まれる福祉とは何かについては「社会福祉」で学ぶ。保育についても「保育原理」で基本を学び，「保育内容総論」や「領域保育内容」で直接保育にかかる内容の学習をする。その他保護者対応には「社会福祉援助技術」や「家族援助論」もある。それぞれの裏づけに心理学もかかわってくるなどである。

　実習の具体的な目的を明示しておくと，下記のようになる。

①　実習園の保育理念を知る
②　児童の発達の姿と適切なかかわり方を学ぶ
③　保護者のニーズ把握の仕方と対応について学ぶ
④　地域の実態の把握と支援のあり方，および検証の仕方をを学ぶ
⑤　保育所の社会的使命を知りその使命を果たすため，存在する組織の一員としてのあり方を学ぶ
⑥　社会人としてのマナーなどを学ぶ

3 保育所に求められるもの，保育士に求められるもの

1 保育所に求められるもの

　保育所は児童福祉法第 39 条の規定に基づいて設置されている。児童福祉法の最低基準に沿って認可を受け，開園の運びとなる。また，保育の内容に関しては保育所保育指針がその名のとおり指針である。指針は時代の流れに沿ってしばしば改定を繰り返し，(注2) より児童の生活の場として，保護者支援や地域の支援にふさわしい場としてのあり方を規定している。

　すなわち，国や県や市など行政は児童福祉法に基づいた経営や運営と保育所保育指針に基づいた保育を充実すること，さらに各国独自の保育理念をもって特徴的な保育を行うことを保育所に求めて認可している。

　そして，その状態で運営していることを地域の住民に示しているのである。併せて，行政がきちんと監査をしてその状態が守られているかどうか毎年確認もするのである。その上で各保育所が地域の実情や利用者としての保護者のニーズに合うように，また，設置主体の保育理念に基づいた保育展開ができているかが重要になる。また，平成 14 年度からは平成 12 年の社会福祉法改訂により第三者評価がはじまり，指針に基づいたよりよい保育の確認が行われている。(この受審は希望による)

　以上が保育所に求められていることであることを充分に認識することが重要である。

2 保育士に求められるもの

　保育士は必要な力を備えていることをもって国家資格が付与される。その必要な力とは，前述 1 を実践することになるわけで，再確認すると，
　　1 保育所に求められているもの
　　　① 児童福祉法に規定されている「保育所」であること
　　　② 保育所保育指針の内容（告示内容となるものもある）

③　園の保育理念，基本方針，育てたい子どもの姿等特徴を持っていることである。保育士の第1段階はこのことをふまえ実践する資質を充分に持っていることが重要である。

② 担当する児童と保護者に適切な保育や支援を行うこと

このうち①が保育計画であるとすると，②は指導計画に該当する。その指導計画を適切に立て，実践するのが保育士に求められていることといえる。ときおり，「自分の保育」を強調し，園の姿勢，保育指針，児童福祉法最低基準でさえ，心に留めず，あるいは自分の考えとは違うといって軽視して，保育をしている保育士を見かける。一人一人の保育士が持っている「理想の保育」「自分の保育」が上記を重視しないで構成されている場合，それは保育士として問題があることも心に留めたい。

③ もうひとつ保育士として求められることは，「保育士定数で保育ができる」ということである。保育所は児童福祉施設規定上の施設でその経費は税金が当てられている。その限りで「予算」内の人材での保育が求められる。施設最低基準の規定内で良い保育ができることが保育士には求められている。（最低基準を上回る人材の投与には施設の経営能力と独自財源が求められ，特に後者は大変困難である）

(注2) 平成元年，平成11年改訂。平成21年改訂予定。

4 保育所の日常

いままでに保育所に行ったことがある人，また，総合学習やボランティアでかなりの時間在園した経験のある人もいるだろうが，よく知らない人のために保育所の一日を示したい。知ってる人もさまざまな園があるので思い出して比較して考えて欲しい。

1 通常保育の一日

❶ 朝

6時50分。2人のA番（早早番）勤務の保育士が出勤した。7時からの開園のためである。保育所のローテーションは規定があるわけではないので園によって異なるが，ここでは延長保育を含む7:00〜20:00迄の園を1例として，ある園を例にとって紹介していく。

▶朝7時。保育園の一日が始まる。

この番は，遅刻は許されない。もし職員の遅刻で園の開園が遅れるようなことがあれば，保護者も職場に遅れることになるからである。保育所は保護者の仕事を支えることが第一の目的である。職員の遅刻などで保護者が遅刻して大事な仕事ができないことは保育所の役割を果たさないことでもある。二人の職員が出勤するのは，子どもはたとえ一人でも二人で保育するのが原則だからである。職員がもし，急に腹痛を起こした場合，一人の場合子どもを見ることができない。特に3歳未満児の場合はすぐにけがをしてしまう。また，二人以上の子どもの一人がけがをした場合など，保育士が一人の場合は，その子にかかりきりになるともうひとりを見ることができないためである。したがって，二人いるから大丈夫と一人が遅刻す

ると（そのようなときに限って事故は起こりやすい）保育は滞ってしまう。保護者に待っていてもらうようにもなるのである。A番はそのためにもしっかりとした時間管理が求められる。

　A番は10分間で園の開園準備を行う。最近は夜，防犯のためカーテンを締めない園が多いが，閉めてあるところは開けたり，暖房の点火をしたり……。登園してきた保護者や子どもたちと気持ちよく挨拶ができるために保育所はすがすがしい環境にしておく必要がある。

　7時開園である。登園した子どもの視診を行い，保護者との会話を交わし，連絡事項を受ける。次々の登園を受けながらであるので大変だが，朝らしい笑顔を忘れずに，また，すがすがしいハキハキした，そして温かな雰囲気で出迎え，保護者に気持ちよく安心して出勤していただくことが大切である。

　園によっては早番の保育士が短時間保育士などで固定されている場合もあるが全職員が交代勤務で当たる場合もある。それぞれ一長一短である。

　常勤職員が当たることは全体が見えるし，固定職員のほうが保護者がある意味で安心ということもある。

　こうしているうちに，B番（7時半〜4時）の保育士が出勤し，やがて普通番，C番（8時半〜5時）が出勤すると園は本格的な保育が始まる。

　保育所は児童福祉法では8時間保育が原則だが，厚生労働省は現在11時間保育を義務付けている。したがって7時半から6時半まではどの園も保育している。これを「長時間保育」という。それ以上13時間保育を行うことを「延長保育」という。

　多くの園は，9時半くらいまでは園庭などで自由遊びをしている。子どもも暫時登園する。直接子どもを園庭や保育室で受け渡しをする園が多いが，最近は「ドライブスルー方式」といってマクドナルドのように車で回りながら引きうけ，引き渡す園もある。これは自動車登園の保護者がふえ，一方で駐車場の確保が困難で，駐車場がないと道路などに駐車せざるを得ないので，ご近所に大変なご迷惑をかけるためである。保育所は広い駐車場を持つほど余裕はないので，各園は相当工夫している。ドライブスルー方式には違和感があって，いろいろな理由をつけて批判する人がいるが，情緒的に考えずに与えられた条件

の中でよい方法を選択することが重要である。ドライブスルーだと子どもを大切にしてないという感覚で受け止める人がいるが，園庭で受け入れれば大切にしているという根拠は何だろうとしっかり考えてみると，あまり差はない。また，保護者との会話もかえって一人ひとりできてよい場合もある。ただ，保護者が保育室に入る機会が少ないので，子どもの生活の場を見ていただく機会の減ることは事実で，それには課題が残る。

2 登園が終わって

　保育所は「保育に欠ける時間の保育」であるので，原則としては保護者は何時に連れてきてもよいのである。園によっては登園時間の制限をして（例えば9時までとか9時半まで）いるところもあるが，原則として必要な時間を預けるし，預かるということが好ましい。4，5歳は幼児教育的観点から登園時間を決めることが重要な場合もあるが，4歳未満児はできるだけ必要な時間に限ることが子どもの最善の利益という観点からも，また，保育の質を保つためにも重要である。（限られた保育士定数での保育に必要のない子どもも受け入れて，良い保育ができないと苦情をいうのは矛盾している）

　ただし，たまに3歳児などでも，登園時間が遅いために登園時いつまでも母親と離れなれない子どもがいる場合がある。よく検討してみると，すでに子どもたちの遊びが始まっていると入りにくい子どもいる。そのような場合は子どもの利益を優先させて，登園時間を早めて保育にスムーズに入れるような配慮が必要であり，多くの園で実践されている。

3 クラス保育

　園によっては異年齢保育など，クラス保育の形をとらない園もあるが，多くの園は，一応クラスに分けれて子どもたちは自分の所属クラスで一日の生活を始める。でも一番遅い出勤H番（12時10分〜20時10分）の保育士が出勤するのは12時ごろなので，この時点でクラス担当以外の人が遅番対応者としてクラス担任が来るまでを保育していることがある。この場合，臨時の保育にならないようにしっかりクラスを理解している主任保育士が当たることが望ま

しい。クラスでは年齢によってまったくそのすごし方は異なる。

　保育所は昭和44年以前は主に3歳以上児が主体であった。昭和44年に乳児保育特別対策ができて，乳児定員を持たないと認可されないという国の規定ができて，本格的に3歳未満児保育が始まった。その影響で，保育所の乳児保育は，幼児とは発達がまったく異なるのに幼児と同じ活動や経験を体験させることになり，乳児にさまざまな無理をさせた。その象徴的なものが行事への乳児の参加であり，乳児の保育士の手がその準備にとられることでもある。最近は相当見直されている。

　ここで「乳児」について整理しておきたい。

　児童福祉法では「乳児は満1歳未満の者」(法第4条)と規定している。しかし，乳児院での乳児や保育所の乳児定員という場合2歳未満，つまり0，1歳児をさす。園によっては3歳未満児（0，1，2歳児）を乳児組と捉えている場合もある。

　保育は年齢による発達の違いをしっかり捉えて経験と活動を組むことが必要である。すべての活動には原則的には「ねらい」があることが望ましい。

　0，1，2歳児はデイリープログラムに一人ひとりの計画（個別計画）を併せて保育を行うし，3歳以上児は集団活動の意義もふまえ，一人一人を大事にしながらも集団でできる経験や活動を取り入れて，いわゆるカリキュラム保育，設定保育を行うことが多い。特に5歳児の就学前時期には，やがて訪れる小学校生活に備え40分程度の集中できる経験も必要になるだろう。

　保育所の10時から12時までは年齢によってさまざまな活動が繰り広げられている。まだ，まったく寝返りのできない生後2か月児からもうすぐ小学生までが泣いたり，笑ったり，甘えたり，すねたりしながら，飲んで，食べて，寝て，お母さんやお父さんのお仕事に子どもながら協力しているのが保育所の子どもたちである。

　子どもたちはけんかもするが，けんかを見守り大切な人間関係の保育を行う。想いの伝え方や，相手の気持ちの理解の仕方や，仲直りのタイミングなど保育士はさまざまに専門性をもってかかわっている。

　実習ではそれをしっかり観察することが望ましい。

できるだけ「ダメよ」「いけません」といわずに子どもを援助していくことを保育指針でも求めている。

4　食事の時間

　午前中の活動が終わると，さあ，子どもたちの楽しみな昼食の時間。これも年齢が異なるので，時間差もあり内容も異なる。しかし，原則として離乳食の時期，2回食が終わったら，できるだけ規則正しい生活リズムにのせて12時の食事が好ましいと思われる。園によってさまざまな理由で早いところは11時ごろから，遅いところは12時半くらいからと時間差がある。実習ではなぜその時間なのかをよく伺ってみると勉強になる。

▶昼食の時間

　食事は子どもの健康や発達を保障していくもので大変重要である。調理室と保育の連携でおいしい給食を，楽しく，無理なく食べられる工夫がされている。
　保育士は決して無理強いはさせない。自分もおいしそうに食べること，もちろん「食べないといけない」「食べないと大きくなれない」など脅すような言葉は極端に言えば「虐待」の始まりといえるので言わないことが大切。その代わり，たくさん楽しく遊んで，特に戸外活動は気持ちよく空腹になって食欲も増す。「おいしい!!」という体験は偏食もなくすのである。
　保育指針では食育も大切にされている。（平成17年食育基本法）子どもが作った野菜をメニューに添えたり，献立の内容をあらかじめ話しておいたり，そして，午前中の活動とは異なる雰囲気作りをして，テーブルに花を飾ったり，音楽をかけたり，たまには戸外で食事をしたり，バイキングなど好きなものを食べたり……。
　保育所ではさまざまな工夫をしている。食事の時間は保育所の一番忙しいと

きである。短時間保育士などを導入して、特に乳児室では丁寧に丁寧に一人ずつ、子どものテンポに合わせて食べさせている。保育士の優しさと思いやりが伺えてほほえましい。

なかなか食べ終えられない子どもたちへの配慮にその園の保育の質を見ることができる。食べ終わらない子どもへの不用意な言葉掛けは保育指針では禁じている。「一人一人を大切に」できているかどうかはこのような場面でわかるのである。食べている子どものそばで食器を片付けたり、掃除機をかけたり……。

▶乳児には、子どものペースに合わせて。

そんなことはその子どもの食事の雰囲気をこわすものである。いくら忙しくても、優しい笑顔で「おいしいね」と声をかけられる保育士が素晴らしい保育士である。基本は家庭で親と子での食事である。

5 昼寝の準備

食事の時間が終わると、昼寝の準備。

保育園によっては「昼寝」を「午睡」といっているところもあると思う。以前は「午睡」といっていたが保育所施設最低基準第35条の変更で「昼寝」となった。その理由は保護者にわかり易い用語（言葉）を使う。家庭に代わって生活する保育所ではいわゆる専門用語ではなく日々の生活の中での言葉で表現することになったのである。

食事を終えた子どもから、排泄や歯磨きが始まる。0歳児の歯の生えている子どもたちはガーゼを保育士の指に巻いて口内を清潔にする。1歳児は歯ブラシで磨いてあげる。2，3歳児は子どもがしてから保育士がしてあげる、こうして細かい段階を経て、4歳になればもう上手に磨くことができる。

パジャマに取り替えておやすみなさい。

パジャマを取り替えることも大切な着脱のしつけの1プログラム。0,1歳児は保育士が着替えさせるが，2歳児になると少しずつ練習が始まる。着ているものを脱ぐためにはさまざまな技術が必要。そして着るためには，手を通す，足を入れる，ボタンをはめる。2歳児には保育士はどれかできたらほめてあげているだろう。3歳児では大体できるようになる。でも，できるのに時には「先生，して……」と言ってくる。甘えたいのである。そんなときは「自分でできるでしょ」といわずに「ちょっとだけね」といって少し手伝ってあげると子どもは満足できる。こんなときの心遣いが保育の質の高さである。

6 昼　寝

　0歳児はとっくに寝ているが，幼児は1時頃から昼寝が始まる。
　この時間はすっかり園内はカーテンで暗くなり，静かになってしまう。それぞれの姿勢でスヤスヤ眠っているのである。食事の途中で眠くなった子も，しっかり食べて眠った子どもも，ゴロゴロとなかなか眠れない子どももいる。眠れない子どもにとっては昼寝の時間は苦痛になりがちである。そっとそばに行って，背中をさすったり，トントンしたりすると安心して眠る場合が多い。何かぬいぐるみなどを与えると抱きしめて寝入ってしまう子どももいる。眠くなると思いだすのが「お母さん」。どの子どもの心の中にも「お母さんの顔」が浮かんでいるようだ。
　気持ちよさそうに寝ている子どもを見ていると午前中目一杯に保育した保育士も眠くなる。一緒に寝られたらいいのに……と思うこともある。添い寝をしてしまうとつい寝てしまう……。昼寝の保育者は勤務時間であるから寝てはいけない。咳をした子どもが吐いてないか見なくてはならない。汗をかいている子の背中にはタオルを入れるなどする。布団をはいでいる子どもにはそっと布団をかける。その保育士の優しいしぐさには子どもへの愛情があふれている。昼寝をしているときに発熱する場合がある。ぐずる子どもには気をつけなければならない。保育士は子どもたちの平熱を知り，体温計によらずとも熱の有無を感じ取っている場面からは保育のプロを感じさせる（もちろん発見してからは体温計で計測をする）。また，0歳児は5分毎程度で無呼吸状態の確認も行

われている。

　子どもが寝ているこの時間。保育所にはもう一つの仕事が始まる。昼寝の保育は人手が少なくて良いので，保育士はまず，交代で休憩を取る。保育士によってはこの時間に食事をする場合もある。

　保育所の休憩室はにぎやかだ。寝ている人。おしゃべりしている人。お菓子を食べている人。おいしいコーヒーにうっとりしている人。皆，保育士から一人の人間に戻っているささやかな時間。仕事を離れてしっかり心身を休められる保育士が，午後にも良い保育ができる人！

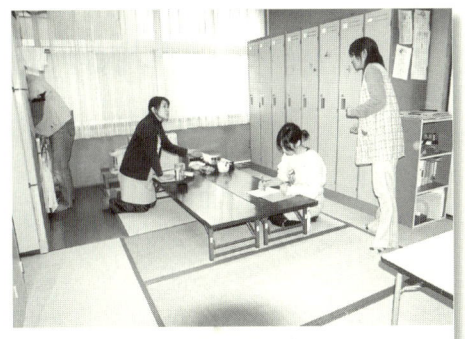

▶休憩時間の保育士と実習生

　学生に「実習で嫌なこと」を書いてもらうと「休憩室で聞く職員同士の悪口」というのが必ずある。確かに嫌なことかもしれない。でもそれもストレスの解消なのかもしれない。自分がいやだったことを口に出して同僚に聞いてもらうこと，聞きあうことも必要なのかもしれないと受け止めて欲しい。

　そして，休憩時間以外の人は，連絡帳などを書いたり，会議を持ったり，この時間をいかに有効に使うかが，保育所の知恵の出しどころである。

　子どもや保護者の問題は子どもの前で話せないことが多い。でも保育士が共通に話し合うことも大切で，この時間を利用しての保育士の会議はとても大切である。

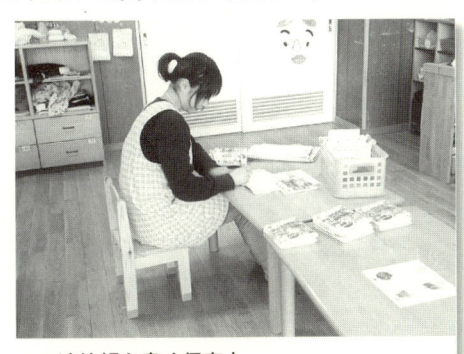

▶連絡帳を書く保育士

7 目覚め

　あっという間の昼寝の1時間半が終わる。3時から3時半の光景である。

　次々と子どもが動き出し，むっくりとおき始める。たっぷり眠って機嫌の良い子が多い。ほっぺたをほんのり赤くして，すっきりしている。髪の毛をかいたり，ボーっとしたりしながら，子どもたちはまだ，眠りからしっかり覚めてはいない。

▶昼寝から目覚めた子どもたち

　乳児の場合，時々入眠時も寝起きも機嫌が非常に悪い子どもがいて，保育士に抱かれて泣き続ける子どもがいるが，大体は機嫌が良い。しかし，発熱している子どももいるので着替え時には子どもの体温を確かめるようなスキンシップも大切である。万一発熱していたら，保温や安静を保ちながら，園の決まり（健康管理マニュアル）にしたがって，保護者への連絡を取る。保護者は多分忙しく仕事をしているだろう。そのことに思いをはせながら，温かく，しかも正確に伝達することが大切で保育士は緊急連絡簿をみながら，丁寧に申し訳なさそうに，心配させないように伝えながら，しかし，何時ごろお迎えができるか，しっかり時間をうかがっておくことが業務のポイントでもある。保育士が電話をかけている場面はぜひ見せていただこう。

　3時頃になると，早早番の保育士は退勤する。6時50分から1日の勤務が終わったのである。

8 おやつからお帰りの支度まで，そしてお迎え

　昼寝が終わったら，着替えて楽しいおやつ。多くの保育所では週に2回は手作りおやつに努めている。栄養士，調理師などが昼食後すぐに準備を始める。
　おやつは子どもの夢がある。どんなメニューが良いが，最近は長時間保育児

が多いために少しお腹に持つものだったり，身体に良い小魚なども多い。でも「おやつ」は「体の栄養」でもあるが「心の栄養」でもある。おやつを食べているときの子どもたちの顔が満足そうであるかどうか，観察してほしい。

　帰りの支度をして，歌を歌う園もある。配付物をしまう園もある。

　それぞれ自分の持ち物を整理して，親が迎えにきたらさっと持ち帰ることができるような準備を保育士とともに行う。子どもの心は何を思うだろうか。

　帰り支度をしながらどのような気持ちだろうか。そんな子どもの心を大切に保育したい。

▶1歳児クラスのおやつの時間

　支度が済んでクラスでの御挨拶を終えると，園庭に出たり，部屋を変えて遊んだりする。コーナー保育の用意があって子どもが自発的に遊びを選ぶことができる園も多い。そしてその中には，さまざまな楽器をそろえて子どもが音を出したり，歌ったり，踊ったりする姿も見かける。このような設定は保育指針でも奨励している。

▶お帰りまでの自由な時間

　そんな場面があったら，どのような言葉をどのようなタイミングでかけたら良いのか，保育士の様子を見せていただこう。子どもが集中して遊んでいるのに意味のない言葉（たとえば「〜ちゃん　なにしてるの？」など）をかけまわっている保育士を見かけたらまねをしないように。子どもが求めてこないときはそっと遊びに集中できる配慮をしよう。そして，子どもが求めてきたら，適

切な言葉かけをしよう。子どもの遊びがさらに深まる良い言葉かけをしている保育士が多い。実習生としては大変勉強になる場面である。

　保護者は1日の仕事を終えて大急ぎでお迎えに来る。そんなときの保育士の出迎え方で保護者の気持ちも違う。笑顔で「お帰りなさい。お疲れさま」は大切な言葉。そのほかに保護者が「今日はいやなことがあったの……」という場合は「どうされたのですか？」と伺う余裕も欲しい。「その時間は忙しい」と決め込んでどの親にも表面的な言葉になっては寂しく，保育の質は低くなるのである。

▶お迎えの保護者にも声かけを。

　たくさんの子どもを安全に保育士ながら保護者を気持ちよく迎える。これが保育所の大事な役割である。保護者は迎えに来て何気なく子どもを捜しているように見えるが，大事な子どもがどのようにしているか，保育士にどう目をかけられているか必死で見ているのである。それが親である。したがって保育士はどの子どもにも平等に目をかけ，言葉をかけながら保育をする事が大切である。

　お迎えの時間の保育が保護者の信頼関係の基礎になるのである。保護者は見て，思う。「うちの子はいつも一人で遊んでいる」「いつも先生がそばにいてくれない」など。そんなことが続くと不満になり，そんな時けがをしたりすると「いつも　うちの子はほったらかしにされてますよね」と怒りにつながる。保育所はこんなことの内容に最大の注意をしている。その様子をしっかり見せていただくことも良い実習である。

❾　長時間保育・延長保育

　普通番の保育士が帰宅する午後5時。でも子どもはまだ多い。保護者も5時に勤務が終わるとお迎えは5時を過ぎるからである。

当番の交代，ひっきりなしのお迎え，そんな時間は保育園も緊張のひと時である。昼間その子どもの保育をしていない保育士が保護者を迎え，引継ぎ書を見て保護者に伝える。保育士にとっても大変である。きちんと伝えられないと保護者にも申し訳ない。しかし，保育園の開園時間は13時間。保育士の勤務は拘束時間8時間半，実働時間7時間45分。であるので交代勤務は当然である。いかに正確にスムーズに伝達できるか工夫も必要である。3歳未満児は個別の連絡帳がある。3歳以上児の場合は保護者は子どもの顔を見て，子どもと言葉を交わすことで，今日の1日を読み取って欲しい。そんな想いを保育所は持っている。

　長時間保育の子どもに簡単なお菓子など，延長保育の子どもには軽食や夕食が出される。別の部屋で食べることになる。寂しくないように温かい配慮がされている。長時間保育の子どもたちには家庭的な雰囲気の環境が必要。冬にはたたみの部屋にコタツなどを置いている園もある。この時間は保育指針で重要とされていることがある。それは単なる待ち時間での暫定的な保育にならないようにすることである。カーテンを閉め始めたり，片付けをし始めたり，終わりの雰囲気にしないことや，長時間保育の子どもや延長保育の子どもの心のケアに気を配ることが好ましい。

　8時にお迎えの子どもの様子を見ると7時を過ぎる頃から，心がまとまらないほどに揺れ動いて不安定になっていく様子が良くわかる。大きな声を出したり，あれこれ触るだけの行為だったり「お父さん何時かな……」といったり，その気持ちに触れるといじらしい。どの保育所も保育士はしっかり，ゆったり落ち着いて楽しい時間を用意して保育する工夫が必要である。ゆったり，のんびりした空間と雰囲気のある保育園も多い。

🔟 閉　　園

　最後のお迎えの子どもを送り出す。延長保育時間は有料なため，タイムカードを導入している園が多い。親の帰りを待っていた最後の子どもが8時に親と手をつないで帰っていく。保育士は2人。外は暗い。保育士も大急ぎで片付ける。保育園の1日が終わったのである。

静かな静かな園舎は広く感じる。明日朝，6時50分出勤の保育士が困らないように点検して保育士も鍵をかけて家路を急ぐ。お疲れさま。

大急ぎで通常保育のデイリープログラムを見てきた。

でも，このほかに月1回あるのが避難訓練と健康診断。このような行事のあるときは上記以外の動きがある。避難訓練では年間計画に基づいた出火場所からの火災や地震などの園内放送によって子どもの避難誘導などを行う。乳児は保育士の訓練が主体だが負ぶったり，抱いたり必要なものを持って所定の場まで子どもをつれて避難する。健康診査では体重や身長を測ったり，ほぼ毎月の内科医の健診や年2回ほどの歯科医の健診がある。その結果は必ず保護者に知らせるとともに保育にも活かさなければならない。どう生かしているのか，ぜひ学んで欲しい。

▶避難訓練も大切な行事である。

行事はその園によってさまざまである。行事が子どもにプラスか否か，保育士が忙しくては日常保育にマイナスではないか。園では絶えずその確認をしながら行事を取り入れている。行事のねらいを各年齢にどう考えるか，行事ごとに子どもの年齢はどうかなど細やかな検討がされている。今後さらに検討が必要な部分である。

2　通常保育以外で多く行われている事業

昭和50年代後半まで保育所は措置（現在は契約）児童の保育だけでよかったが，その後あらゆる子育て支援の場が保育所に求められ，結果として特別保育事業となった。よく行われているいくつかを紹介しよう。

❶ 一時保育

「もしもし，あした，預かっていただけますか？」という電話がかかる。

この電話は一時保育の申し込みである。お母さんが具合が悪くて病院に行きたい。親戚に不幸があってお葬式に出る。何だか疲れて，1日だけ子どもと放れて過ごしたい。こんな親（主に母親）の希望によりお預かりする。今日だけ，3日間だけという短期の保育が多い。大体10名までである。子どもの生育歴もあまり知らない，ならし保育（適応保育）もせずに，いきなり預かる。保育士の中でもベテランでなくてはできない保育である。公民館などで母親講座などしているときに一時託児で預かるその長時間版である。もちろん異年齢。0歳児もいれば5歳児も。時々保育室に入ることもある。専用の保育室のない保育園では各保育室で保育している場合がある。（本来は専用室が必要だが，法改正前から行っている保育所では専用室がもてないで努力している）

❷ 特定保育

保護者の中には週3日だけ働く，または毎日だが午前中だけ仕事したいという人もいる。そのような保護者が利用するのが特定保育。20名程度の定員で0歳から6歳まで皆で生活をする。保護者は勤務しているので一時保育のように日々の預かりではなく月ぎめ継続の人が多い。

この保育室では異年齢保育そのものである。年齢別保育が多い通常保育に比べ，異年齢の苦労と異年齢の素晴らしさを子どもも保育士も体験する。

子ども同士の思いやりやかかわりも異年齢児特有の発見がある。年齢別がさらに細かくなる傾向にある通常保育を見直すさまざまな示唆がある。

必ずしも永い時間働かなくても預かってくれるということで子どもにとっても良い保育の場でもある。

3 乳幼児健康支援一時預かり

病児保育・病後児保育のことである。

病気だが職場は休めない，病後だが休めない。そんな状況の保護者の方々に安心して利用いただく保育の場。通常保育とは出入り口が別。看護師も必ず必

要となる。ほぼ1対1に近い状況で子どもの状況に合わせて個別の日課で生活する。子どもの不安や寂しさのない温かい保育室，保育の雰囲気を重視して家庭で看護されていると同じ保育が行われている。食欲がない子どもには好物などを持参しても良い。

4　育児センター

　育児相談や園庭交流，育児講座などさまざまなプログラムを行っている。特に居場所作りのためのサロン形式の場は地域の子育て中の保護者の憩いの場でもあり，親子の友人作りの場であり，他の子どもの様子を見て発達の確認をしたり保育士のかかわりから保育の仕方を学ぶ場でもある。

　親子で参加しているので，通常保育の3歳未満児は一緒にするとかわいそうな想いをさせてしまうこともあるので配慮されている。保育士も親とのかかわりが殆どなので対人関係など大人の対応が求められる。日中一人で子育てをして孤独で育児不安に陥りそうな，陥っている保護者の笑顔が嬉しい場である。虐待に移行しそうな保護者の気持ちをやわらげることができれば保育所の役割は大きい。今後「子育て支援論」の科目なども設定されるので参考になる。

　大急ぎで保育所の一日を眺めてみた。実際の保育現場がイメージできただろうか。イメージして実習に臨むと心の準備ができて余裕ができる。
　併せて，インターネットでさまざまな園の様子を学習するのも勧めたい。

（山岸）

第2章

保育所とは・保育所保育士とは

1 保育所保育士の社会的使命と保育サービス

1 保育所保育士に求められている社会的使命

あなたは,どのように保育士の仕事や役割をイメージしているだろうか。

保育士を志して間もない高校生や保育士養成校の学生に,保育士の仕事についてのイメージを尋ねると,「子どもと一緒に遊ぶ」,「親が仕事に行っている間,子どもを見ていてくれる人」などの答えが返ってきた。

ある保育所の様子を外からちょっと拝見してみよう。

朝の保育所の入り口では,登園してくる子どもたちと送ってきた保護者の方々,保育士との挨拶の声が聞こえ,園庭や保育室では先に来た子どもたちが遊び始めている。午前中,近くの公園へクラスで散歩に出かける子どもたちもいる。子どもたちの列の車道側に保育士がついて車に気をつけて歩きながら,空に見える飛行機雲や,道端の花や生き物のことを話しながら歩いている。昼

過ぎの保育所は，お昼寝の時間でしんと静かである。夕方，おやつを終えた子どもたちのにぎやかな声がまた聞こえ始める。一人二人と保護者が子どもを迎えに来て，子どもたちが帰っていく。

ある日は園庭開放で，地域の就園前の子どもと保護者が園庭で遊んでいた。保育士は，地域の親子が楽しく遊び，互いに触れ合える場を作っている。世間話のようにして保護者の心配事に相談に乗ったりもしている。また別のある日には，親子参加の「絵本作りの会」や「離乳食講習会」を開いていた。

▶ **2歳児の散歩**
保育園のお散歩は，子どもたちが楽しみにしている日課である。反面，保育士は気を使う仕事である。

外からはこのように垣間見える保育所，保育士であるが，実際にはどのような場であり，どのような仕事をしているのだろうか。

保育士は，保育所，乳児院，児童養護施設，子育て支援センター，その他の多くの場で活躍している。ここでは，皆さんが実習する保育所と，保育所の保育士について考えてみよう。

1 保育所の目的と機能

保育所には，家庭養育を補完する生活の場，就学前の教育の場，そして子育て支援の場という，3つの社会的役割がある。

① 家庭養育の補完の場

保育所は，児童福祉法に基づく児童福祉施設の一つであり，「保育所は，日日保護者の委託を受けて，保育に欠けるその乳児または幼児を保育することを目的とする施設とする」（児童福祉法第39条）と定められている。

保育所は，家庭養育の補完，つまり，家庭で養育ができない部分を補う場として位置づけられている。保護者の共働きやその他の事情で子どもを家庭で面倒を見ることができない場合が「保育に欠ける」状態であり，このような場合

に保護者が保育所を選択し市町村に入所の申し込みをすると，市町村が保育所において保育を実施する。

② 養護と教育の場

また，児童福祉施設である保育所の保育は，「養護と教育が一体となって，豊かな人間性を持った子どもを育成する」（保育所保育指針第1章総則）という特性がある。つまり，保育所の保育内容は，生活上の世話である「養護」と，子どもの発達を促す「教育」の両方を重視している。子どもたちはただ保育所で遊んだり，散歩をしたり，ご飯やおやつを食べお昼寝をしているのではない。保育士は，それぞれの活動を通して，子どもの健康的な生活を保障し，また，教育的配慮を持ち保育を展開し，子どもたちの就学前の育ちを総合的に援助しているのである。

③ 子育て支援の場

さらに，現在進められている少子化対策・次世代育成対策（p.41 ～参照）の一環として，少子化の背景にある就業と家庭の両立を図るための保育の場の確保，保護者の子育て不安の解消や家庭の養育力の低下に対応することも，保育所に求められている。

就業と家庭の両立を図るための保育サービスとして，保育所では，延長保育，乳児保育，特定保育，休日保育，夜間保育など，就労形態や保護者のニーズに応じた多様な保育サービスを行っている（表2－1）。

保護者の子育て不安の解消や家庭の養育力の低下に対応するサービスとしては，在園児の保護者および地域の保護者の保育に関する相談や指導など地域の子育て支援事業も行っている（表2－2）。

表2-1 さまざまな保育サービス

保育サービスの名称	内容
乳児保育	産休明けからの0歳児の保育を行う。
延長保育	保育所の通常の開所時間である11時間を超えた保育を行う。
一時保育	保護者の傷病・入院，災害・事故，育児等に伴う心理的・肉体的負担の解消等により緊急・一時的に保育が必要となる児童を保育所で保育する。
特定保育	保護者のパート勤務などに対応し，1か月当たり概ね64時間以上の日時について当該児童を保育することができないと認められる場合，児童を保育所で保育する。
夜間保育	保護者の勤務形態の多様化に対応し，概ね22時まで開所する。
休日保育	保護者の勤務形態の多様化に対応し，日曜や祝日に保育を行う。
障害児保育	集団保育が可能で日々通所できる，保育に欠ける障害児に対する保育を行う。
乳幼児健康支援一時預かり事業	現に保育所に通園中の子どもが病後回復期にあるとき保育を行う（病後児保育）。また，保護者の疾病，入院等により緊急・一時的に保育が必要となる児童の自宅で保育を行う（派遣型一時保育）。

表2-2 地域子育て支援事業

事業の名称	内容
育児不安等についての相談指導	育児不安についての相談を行う。来所、電話及び家庭への訪問など事前予約制の相談指導，公共的施設への出張相談など，地域のニーズに応じた実施をする。
子育てサークル及び子育てボランティアの育成・支援	子育てサークル及び子育てボランティアの育成のため定期的に講習会等の企画，運営を行う。また，子育てサークル・子育てボランティアが効果的な活動ができるよう，活動の場の提供や，活動内容の支援をする。
地域の需要に応じた保育サービスの積極的実施・普及促進	一時保育，乳児保育など地域の保育需要に応じた保育サービスを積極的に提供する。
地域の保育資源の情報提供等	ベビーシッターなど地域の保育資源の活動状況を把握し，子育て家庭に対して，さまざまな保育サービスに関する適切な情報を提供し，必要に応じて紹介等を行う。
家庭的保育を行う者への支援	家庭的保育を行う者の相談指導や巡回指導を行うとともに，保育者が預かる児童を保育所行事に参加させるなどの交流を行う。また，家庭的保育を行う者に対し，資質の向上を図るための研修を行うとともに，保育者相互の情報交換を図るための支援を行う。

❷ 保育所保育士の３つの役割

現在の保育所に求められている３つの社会的役割から，保育所の保育士に求められる社会的使命として次の事柄があげられる。

① 子どもの最善の利益の尊重する

保育所は，家庭養育の補完を通して子どもの生活の質を保証し，福祉を護る場である。そこで働く保育士は，ひとりの子どもの最善の利益を第一に考え，保育を通してその福祉を積極的に増進していく役割を担っている。また，日々の保育や子育て支援の活動を通して子どものニーズを受けとめ，子どもの立場に立ってそれを代弁する役割もある。

② 生活と遊びを通して子どもの発達を保障する

保育所での養護と教育が一体となった保育を通して，保育士は，一人一人の子どもが心身ともに健康，安全で情緒の安定した生活ができる環境を用意する。そして，子どもの生きる喜びと力をはぐくむことを基本として，生活や遊びを通してかかわり，その健やかな育ちを支える役割がある。

▶避難訓練
真剣な保育士たち。子どもたちの安全を守ることは，大切な使命である。

③ 保護者の子育てを援助する

保育士には，子どもと保護者のおかれた状況や意向を受け止め，保護者とより良い協力関係を築きながら，子どもの育ちや子育てを支える役割もある。

また，地域の人々や関係機関とともに子育てを支援し，そのネットワークにより，地域で子どもを育てる環境づくりをする。子育てをしているすべての保護者のニーズを受けとめ，それを代弁していくことも重要な役割である。

2 さまざまな保育の場 －保育所・幼稚園・認定こども園－

保育士資格のための保育所実習先として認められるのは、認可保育所である。
保育の場としては、保育所以外にも幼稚園、認定こども園、その他の認可外保育施設などがあるが、どのような関係になっているのだろうか。

表2-3 保育所、幼稚園と認定こども園の比較

	保育所	幼稚園	認定こども園
根拠法	児童福祉法	学校教育法	就学前保育等推進法
保育内容	保育所保育指針	幼稚園教育要領	幼稚園教育要領と保育所保育指針の両方にもとづく
対象児	0歳～就学前の保育に欠ける乳幼児	満3歳～就学前の幼児	0歳～就学前の乳幼児
保育・教育時間	1日につき8時間を原則とする。延長保育、夜間保育、休日保育などの保育サービスがある	1年間の保育日数は220日以上、一日の保育時間は4時間を原則とする。必要に応じて預かり保育をする	短時間利用児は4時間程度、長時間利用児は8時間程度
保育士・教諭の配置基準	0歳 3人に1人、1～2歳 6人に1人、3歳 20人に1人、4・5歳 30人に1人の保育士が配置されなくてはならない。	1学級35人以下を原則とし、学級ごとに1名の幼稚園教諭をおかなくてはならない。	0歳 3人に1人、1～2歳 6人に1人、3歳 短時間利用は35人に1人、長時間利用は20人に1人、4・5歳 30人に1人。0～2歳児の保育は保育士、3歳以上児の保育は保育士・幼稚園教諭が行う。
保育費用	保護者の収入と利用する保育サービスにより異なる。自治体が設定。	幼稚園ごとに一律。	保護者の収入と利用する保育サービスにより異なる。認定こども園が設定。

❶ 保育所（認可保育所）

① 根拠となる法律

保育所は、児童福祉法に基づく児童福祉施設の一つであり、「保育所は、日日保護者の委託を受けて、保育に欠けるその乳児または幼児を保育することを目的とする施設とする」（児童福祉法第39条第1項）と定められている。

管轄官庁は厚生労働省である。

「児童福祉施設最低基準」に定められた設備の基準，職員の配置，保育時間，保育の内容，保護者との連絡などの基準を満たすことで，都道府県から認可保育所として認可される。

　②　施設の目的と保育内容

保育所の保育内容には，「保育所保育指針」をガイドラインとし，「養護と教育が一体となって，豊かな人間性を持った子どもを育成する」（保育所保育指針　第1章総則）という特性がある。生活や遊びを通して，養護的内容と教育的内容について成長発達を促すものとなっている。3歳未満の子どもについては，生活の中で養護的内容と教育的内容を総合的に行っていくことになっている。3歳以上の子どもについては，教育的内容は幼稚園に準じたものとし，さらに養護の内容も盛り込まれている。

「保育所保育指針」には，保育所保育の原理，保育内容構成の基本方針，発達過程ごとの子どもの発達の特徴とねらい，保育内容，保育者の姿勢とかかわりの視点，配慮事項など，一般的な方向性と視点が書かれている。保育の現場では，保育所保育指針を参考にしながら，入所している子どもや家庭，地域の実態を考慮しながら，それぞれの保育所に適した保育計画を作成し，保育を行っている。

　③　対象となる子どもと入所の手続き

保育所の保育の対象は，保護者のいずれもが労働，長期の病気，介護などで子どもが「保育に欠ける」状態にある，0歳から就学前の年齢の乳幼児である（児童福祉法第39条第1項の場合）。

　子どもが保育に欠ける状態にある場合に，保護者が保育所の提供する情報に基づき保育所を選択し市町村に入所の申し込みをすると，市町村が保育所において保育を実施する（選択利用契約による保育の実施）。市町村は，定員がいっぱいでない限り，保護者の希望に添って入所の契約をすることになっている。

どのような場合に「保育に欠ける」とするか，いわゆる入所要件については，「保育の実施に関する条例準則」をもとに，市町村が決定することになっている。入所要件の代表的なものは保護者の共働きであるが，その他にも，家族の介護，

保護者自身の妊娠・出産，病気や怪我など，さまざまな理由により家庭で子どもを保育する人がいない場合に，保育所に入ることができる。また，保育に欠ける状態であるのに保護者が保育の実施を申し込まない場合，子どもの福祉を守るために，市町村が保育の実施を行なうこともある。

④ 保育時間

保育所の保育時間は，原則として8時間であるが，それぞれの地方の保護者の労働時間，通勤環境，その他の家庭の状況を考慮して，施設長が定めることになっている。通常保育としては11時間の開所となっている。さらに，通常保育よりも長時間にわたる保育を行う「延長保育」や，保護者のパート勤務などに対応して週数日利用する「特定保育」，冠婚葬祭や育児疲れなどの理由で一時的・緊急的に利用する「一時保育」も行っている。また，休日，夜間の「休日保育」，「夜間保育」を実施している保育所もある。

保護者が保育できないときに子どもを保育するので，保育所全体で一斉に夏休みや冬休み，春休みになることはない。それぞれの家庭が適当な時期に家庭の事情に合わせて保育所を休むという形となる。

⑤ 保育者の資格及び免許と配置

保育には，保育士資格を持つ者があたる。

子どもの年齢と人数により，配置基準が児童福祉施設最低基準で定められている。0歳児3人に1人，1〜2歳児6人に1人，3歳児20人に1人，4〜5歳児30人に1人の保育士を置くこととなっている。クラス定員に関する規定はない。

⑥ 保育料

保育料については，保育時間や対象児の年齢など，利用する保育サービスによって保育料が決まる「応益負担方式」であるが，保護者の収入も考慮して保育料が決定される。国の提示した保育料徴収金基準額表をもとに，各自治体で保育料を決めている。

2 幼稚園

1 根拠となる法律
　幼稚園は，学校教育法に基づいた小学校就学前の学校教育施設で，管轄官庁は，文部科学省である。

2 施設の目的と保育内容
　「幼稚園教育要領」に従い，幼児の心身の発達を促す教育を行う。

3 対象となる子どもと入園の手続き
　幼稚園入園の対象者は，満3歳から就学前の幼児で，その他には特に条件はない。また，構造改革特別区域法による特例として，特区に認定された地方公共団体では，満3歳になる年度の4月から，つまり2歳児からの入園も可能となっている。幼稚園入園の手続きは，保護者が希望する園に直接申し込み，園と保護者の直接契約となる。

4 保育時間
　幼稚園の1日の保育時間は4時間が原則であり，1年間の保育日数は，220日以上である。夏休み，冬休み，春休みなど，長期休暇がある。必要に応じて，預かり保育を行う。

5 保育者の資格及び免許と配置
　保育には，幼稚園教諭免許を持った者があたる。
　1学級は35人以下とする。

6 保育料
　幼稚園ごとに，一律である。地方公共団体によっては，家庭の所得状況に応じて幼稚園保育料の減免または補助を行う「幼稚園就園奨励費」の制度がある。

3 認定こども園

　「就学前保育等推進法」（平成18年10月施行）により，「認定こども園」が制度化された。
　認定こども園創設の背景には，① 都市部では保育所に入れずにいる待機児童が多数存在すること，② 少子化により過疎地域における幼稚園や保育所などの就学前施設が定員割れを起こしていること，③ 地域の子育て支援サービ

スの展開に対する社会からの強い要請があること，④ 地方分権による総合行政化（縦割り行政の弊害の打破を目指す），および規制緩和（民間にできるものはできるだけ民間に委ねる）などの行政改革の流れがあること，などがあげられる。

このような背景で生まれた認定こども園には，2つの機能と4つの類型があるという特色がある。

2つの機能とは，① 就学前の子ども（親の就労の有無等にかかわらず）に対して教育・保育を提供する，② 地域における子育て支援を行う，である。

また，4つの類型とは，① 幼保連携型（認可幼稚園と認可保育所が同じところにあり，連携しながら一体的な運営を行なうもの），② 幼稚園型（認可幼稚園が，保育に欠ける子どものための保育時間を確保し3歳未満児も受け入れる保育所的な機能を備えるもの），③ 保育所型（認可保育所が，保育に欠けない子どもも保育し，幼稚園的な機能を果たすもの），④ 地方裁量型（保育所，幼稚園のいずれの認可も有しないが，親の就労の有無にかかわらず子どもを保育し，地域における子育て支援を行うとして都道府県から認定を受けたもの），である。

1 根拠となる法律

認定こども園は，「就学前保育等推進法」（正式名称：「就学前の子どもに関する教育，保育等の総合的な提供の推進に関する法律」）に基づいて，都道府県が認定するものである。管轄官庁は，文部科学省と厚生労働省である。職員配置等の具体的な認定基準については，文部科学省と厚生労働省が協議して決める国としての基準をもとに，都道府県がそれぞれ条例で決めることになっている。

2 施設の目的と保育内容

就学前の子どもに教育・保育を提供し，地域の子育て支援を行う。

保育内容は，「幼稚園教育要領」と「保育所保育指針」の両方に基づいて行われる。

3 対象となる子どもと入所の手続き

認定こども園の保育の対象は，0歳から就学前の乳幼児である。保育に欠け

る子どもも，欠けない子どもも受け入れる。
　入園にあたっては，認定こども園と保護者との直接契約による利用となる。
　④　保育時間
　短時間利用児は4時間程度，長時間利用児は8時間程度である。夏休み，冬休み，春休みなどの長期休業は，保育所と同様に，ない。
　⑤　保育者の資格及び免許と配置
　子どもの年齢と人数，利用時間のタイプにより，保育者の配置が決められている。0歳児3人に1人，1～2歳児6人に1人，3歳児の短時間利用時は35人に1人，3歳児の長時間利用時は20人に1人，4～5歳児30人に1人。
　0～2歳児の保育は保育士，3歳以上児の保育は保育士・幼稚園教諭があたる。
　⑥　保育料
　認定こども園が独自に設定し，利用者から直接徴収する。

4　認可外保育施設

　認可外保育施設には，事業所内保育施設やへき地保育所などがある。へき地保育所は，離島，山間へき地における保育を必要とする児童のためのものである。また，その他，私人，団体，民間会社により不特定の乳幼児を保育する施設（ベビーホテルを含む）などがある。
　認可外保育施設へは，児童の安全確保の観点から厚生労働省が「認可外保育施設指導監督の指針」を策定し，設備面，職員の配置基準などについて指導を行っている。

3　少子化・次世代育成支援対策と多様な保育サービス

1　次世代育成支援対策と保育所
　① 人口減少社会の到来
　平成17（2005）年，出生数が死亡数を下回り，総人口が減少に転ずる人口減少社会がやってきた。これは，日本が明治32（1899）年に人口動態の統計を取り始めて以来初めてのことである。出生数は106万人，合計特殊出生率は1.25と，いずれも過去最低を記録した。このまま少子化傾向が続くと，人

口減少は加速度的に進行し，21世紀半ばには総人口は1億人を割り，2100年の総人口は現在の約半分以下になるとも予測されている。同時に人口の高齢化も進行し，やがて3人に1人が65歳以上という，極端に少子高齢社会になるといわれている。

② これまでの少子化対策，次世代育成支援対策

平成2（1990）年，合計特殊出生率が昭和41（1996）年のひのえうまの年を下回り「1.57ショック」と呼ばれ，少子化が社会問題としてクローズアップされた。それ以降1990年半ばから，さまざまな少子化対策が展開されてきた。極端な人口減少や少子社会の進行は，経済産業，社会保障の問題，ひいては国や社会の存立の基盤に関わる問題との認識からである。

まず平成6（1994）年「エンゼルプラン」では，保育所における多様な保育サービスの推進が目標とされ，低年齢児保育，延長保育，一時的保育の数値目標が掲げられ，さらに5年後の見直しである平成11（1999）年の「新エンゼルプラン」では，低年齢児の保育所受入枠の拡大，延長保育の推進，他が行われた。

さらに，就労の有無に関わらず子育てに対する負担感の大きいことや育児不安が注目され，「新エンゼルプラン」では在宅の子育て家庭への子育て支援策の推進，保育所の地域子育て支援活動その他の充実が図られた。

これに加え，親世代の長時間労働や若者が社会的・経済的に自立することの難しさなどの社会的な条件が，家庭を築き子育てすることの困難さの背景にあることが課題となり，平成15（2003）年に少子化社会対策基本法，次世代育成対策推進法が制定された。これにより地方公共団体や企業は次世代育成支援対策行動計画の策定が義務付けられ，社会全体としての取組みを促すこととなった。

これらの流れは新エンゼルプランの5年後の見直しである「子ども・子育て応援プラン」（平成16（2004）年）に引き継がれ，また，平成18（2006）年6月には「新しい少子化対策について」（少子化社会対策会議発表）が出され，さらに引き続き拡充の方向で進められている。

③ これからの次世代育成支援対策

このように少子化対策，次世代育成支援対策が進められる一方で依然として少子化傾向に歯止めがかからない背景には，① 長時間労働の風潮が根強いなど，働き方の見直しに関する取組みが進んでいないこと，② 保育所待機児童がいまだ存在するなど，子育て支援サービスがどこでも十分に行き渡っている状況となっていないこと，③ 若者が社会的・経済的に自立し，家庭を築くことが難しい状況となっていること，などが考えられている。

これに対応して，現在，次世代育成支援対策として，① 仕事と家庭の両立と働き方の見直し，② 地域の子育て支援（地域における子育て支援の拠点の整備，他），③ 保育（多様な保育需要への対応，認定こども園の制度化），④ 児童虐待防止対策など子どもの保護・支援の充実と配偶者からの暴力への対策の充実，⑤ 母子家庭等ひとり親家庭への支援，⑥ 母子保健施策の推進（食育を含む），⑦ 経済的支援（児童手当の拡充）など，多方面からのアプローチが行なわれている。

④ 次世代育成支援対策と保育所の多様な保育サービス

次世代育成支援対策の流れの中で，保育所に期待されているのは，多様な保育需要への対応への取組みと，地域の子育て支援の機能である。

保育所入所児童数は，少子化を背景に減少していたが，共働き家庭の増加等により，平成7（1995）年以降，都市部を中心に増加しており，平成14（2002）年度から「待機児童ゼロ作戦」が進められ，保育所の定員増や増設，幼稚園の預かり保育などの活用により3年間で15万人の受け入れ児童数の増加が図られた。しかし，保育所利用の潜在的な需要が多く，また，入所希望地域の偏りに対して保育所の数がアンバランスであるなどの課題もあり，保育所待機児童問題はまだ解消されていない。

就労と家庭の両立支援の観点からは，3歳未満児の保育所利用希望や，就労形態の多様化に対応した長時間の保育や，パート勤務に合わせた週数日の保育，夜間や休日の保育などの希望も多い。また，子育て支援の観点からは，専業主婦等の育児疲れ解消等のための一時保育も求められている。保育所では，このような多様なニーズに応え，特別保育として，延長保育，特定保育，夜間保育，

休日保育，一時保育，その他の保育サービスが展開されている。地域の子育て支援センターとしての期待も高く，相談事業，ひろば事業その他の育児支援活動も行われている。

保育所におけるこれらの保育サービスの運営については，第1章**4**保育所の日常，第4章**4**保育所の特別保育，**5**保育所の特別保育事業の項を参照していただきたい。

2 国家資格としての保育士

1 国家資格となった保育士資格

1「保育士」資格の定義

保育士とは，「登録を受け，保育士の名称を用いて，専門的知識及び技術をもって，児童の保育及び児童の保護者に関する指導を行うことを業とする者」（児童福祉法第18条の4）と定義されている。

保育士は国家資格であり，保育士になるには，厚生労働大臣の指定する保育士養成施設（養成校）を卒業，または保育士試験に合格という資格要件を有し，都道府県の備える保育士登録簿に登録を受ける必要がある。この一連の手続きを経なければ，保育の業務に携わっていても，保育士を名乗ることはできない。また，国家資格であるので，現在保育の業務に携わっていなくとも保育士登録を受けていれば，保育士有資格者となる。

保育士が現在のように国家資格化したのは，平成13（2001）年11月に公布，平成15（2003）年11月29日より施行された「児童福祉法の一部を改正する法律」による。

それ以前の「保育士」は，任用資格であり，専門的知識や業績がある場合に保育の職務につく資格が認められていた。また，保母，保父という名称が「保育士」に改められたのは平成10（1998）年の児童福祉施設最低基準の改正（平成11年4月より施行）による。

2 なぜ保育士資格が国家資格となったのか

任用資格の保育士には，保育士の名称を使用することについての規制がなかった。そのため，保育士資格への社会的信用を悪用し，保育士でない者が保育士を名乗り認可外保育施設などで事業を行ない，子どもの傷害致死事件が起きたりした。そこで，保育士の質の水準を保ち，保育士の社会的信頼を制度的に保障するとともに，地域の子育て支援の中核を担う専門職として社会で積極的に活動できるようにするという趣旨で，保育士が国家資格化されたのである。

なお，保育士でない者が，保育士またはこれに紛らわしい名称を使用することは禁止されており，違反した者には罰則規定が設けられている（保育士資格の名称独占）。

3 男性保育士への期待

児童福祉施設において保育に従事する男子については，昭和 52（1977）年から保母に準じる資格を与えられることになり，通称として「保父」と呼ばれた。

保母，保父から保育士へと男女共通の名称へ変更となったのは平成 11 年からである。

育児は夫婦が一緒に行うべきものであり，家庭に代わり乳幼児を保育する保育所においても男子の進出を一層進める必要があることなどから，男子について社会的に認められた名称を新たに作る必要があり，男女共通名称の「保育士」となった。

▶**男性保育士**
子どもたちは，多様な関係のなかで育つことが望ましい。男性保育士の役割は大きい。

家庭とともに重要な生活の場となる保育所で，子どもたちが家庭や社会の縮図のように多様な人と関わりながら育っていくために，男性としての独自の視点からの気づきやかかわりを活かし，さらに，子どもの安全を守る保育環境づくりへ向けて，男性保育士への期待は大きい。

2 国家資格「保育士」の責任

❶ 社会的責務の自覚

　現在，保育士には保育所に通う子どもたちの保育と共に，保護者の保育に関する指導や相談援助など地域の子育て支援活動といった多様な業務の実施が求められている。

　これらの社会的責務を自覚し，保育の専門職としての質の水準を保ち向上させることが必要である。保育に関する専門的知識と技術の研修や自己研鑽を通して，常に自らの人間性と専門性の向上に努めるとともに，保護者への相談・助言のための知識や技能の修得，維持・向上に努めなくてはいけない。

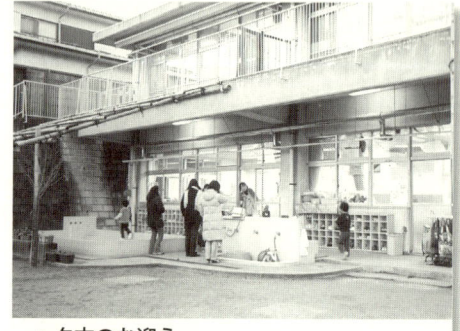

▶夕方のお迎え
保護者が毎日，安心して子どもを預けられるということは，保育園と保育士へ，大きな信頼を置いているからである。

❷ 対人援助専門職としての義務

　保育士は，対人援助専門職の一つであり，守秘義務や信用失墜行為の禁止といった義務が課せられている。

　守秘義務とは，保育を通して知りえた個人の情報や秘密を守らなくてはならない，ということである。家族や友人にも職務上知りえた個人のプライバシーに関することを漏らしはいけない。地域社会の中で心無い噂が巡りめぐって多くの人が傷つくことにもなりかねないからである。ただし，職務上のケース会議や他機関とのネットワーク会議においては，情報を共有し，子どもの最善の利益を第一に考え対応していく。

　信用失墜行為の禁止とは，保育士の信用を傷つけるような行為をしてはならないという業務上の義務である。違反者には登録の取消しや名称使用の制限な

ど罰則が規定されている。

3 実習生に期待される責任

　実習生は保育士を目指す社会人として，保育士と同様の責任ある姿勢をもって振舞うことが期待される。守秘義務にも配慮し，実習の行き帰りのや家庭での友人や家族との会話においても，不用意に子どものプライバシーに関する話題に触れないよう，注意をする必要がある。また，実習日誌は，単なるノートではなく，保育所や子どもの情報が詰まった大事な文書であるので，その管理には特に注意し，置き忘れや紛失などの無いように努めなくてはならない。

（義永）

第3章

保育所の保育内容

1　保育内容を学ぶ視点

　保育所実習では，保育所の保育がどのように展開されているか，つまり保育の実際を学ぶことが大きな目的の一つとなる。保育の実際を学ぶにあたり，一般的には次のようなステップをたどる。実習初期には，担任保育士の保育を見学・観察する「見学・観察実習」，実習中期には，担任保育士の保育に参加する「参加実習」，実習後期には，実習生自身が指導計画を立案し，部分実習や責任（一日）実習を行う「指導実習」の3ステップである。

　これら3ステップを通して重要なことは，いかに実習生自身が保育を見る目，「保育をみる視点」をもって臨み，実践から学ぶことができるかだ。たとえば初期段階では，担任保育士の保育を観察することを通して，保育所の1日の生活の流れを知り，保育環境，子どもの活動，保育者の援助・留意点等を学ぶ。ここで注意しなければならないことは，保育は一日の自然な生活の流れの中で展開されているということである。当然のことながら，実践の場に子どもたち

が取り組んでいる活動内容に関する解説や保育士が援助している意図などの説明はない。実習生は自分自身の目で自然な生活の流れの中で，それぞれの場面を読み取り学ぶことが求められる。

　子どもと一緒に遊ぶ保育士の姿から何を読み取るだろうか。観察段階で，単に「子どもと一緒に遊ぶ」としか読み取ることができなければ，参加・指導段階においても，単に子どもと一緒に遊ぶことしかできないだろう。逆に観察段階から，保育士が遊びを援助する際の意図や留意点，環境構成の意味までをも読み取る姿勢があれば，参加・指導段階においてもそれらを意識しながら保育を考え子どもとかかわることができるだろう。

▶子どもと遊ぶ保育士
視点をもって読みとることが重要。（子どもの興味・関心，保育士の援助の意図，留意点，環境とのかかわり方など）

　生活の中で展開される保育だからこそ，重要な場面を見逃さずにしっかり読み取り考察するための，そして保育を組み立てていくための「視点」が必要なのである。本章では特に，保育所における保育内容を学ぶためのさまざまな視点について考えていくことにする。

2　制度上求められる保育内容の考え方

1　児童福祉法・児童福祉施設最低基準における保育内容の考え方

　保育所での実習において保育内容を学ぶための視点として，まず，現行の制度上求められている事柄を確認しておこう。

　第2章で学んだように保育所は児童福祉法に定められた児童福祉施設であ

る。その目的は，同法第39条1項において，「保育所は，日々保護者の委託を受けて，保育に欠けるその乳児又は幼児を保育することを目的とする施設とする。」とあるように，保育に欠ける乳幼児を保育することである。したがって，保育所の保育は，乳幼児の最善の利益を考慮し，その福祉を積極的に増進するにふさわしいものでなければならない。

　児童福祉施設の設置及び運営の最低基準を示した「児童福祉施設最低基準」第35条には，保育の内容として「保育所における保育の内容は，健康状態の観察，服装等の異常の有無についての検査，自由遊び及び昼寝のほか，第十二条第一項に規定する健康診断を含むものとする。」とある。この最低基準は児童の身体的，精神的及び社会的な発達のために必要な生活水準を確保するものでなければならないとされ，児童福祉施設の設置者は最低基準を遵守し，施設の設備及び運営についての水準の向上を図ることに努めるものとされている（児童福祉法第45条）。

2　保育所保育指針における保育の考え方

　保育所における入所児童の保育に関する方向性や視点等を示した保育所保育のガイドラインが「保育所保育指針」（以下，保育指針）である。各保育所ではこの保育指針を参考に，入所児や家庭，地域の実態を考慮しながら，それぞれの保育所に適した保育計画を作成し，保育を行っている。

　保育指針は昭和40年に作成され，平成2年に改訂，そして現行の保育指針は平成11年に改訂されたものである。これまで保育所は児童福祉法制定に基づき制度化されて以来，「保育に欠ける子ども」の保育を主体として，子育てと就労の両立支援施設としての役割を担ってきた。しかし，女性の社会進出や就労形態の多様化等による保育ニーズの増大や多様化，都市化・核家族化の進行による家族・地域社会の教育力の低下，育児不安の増大，児童虐待の増加，そして少子化が子ども社会にひきおこした問題など，地域社会で子育てを支援する基盤を形成することが課題とされ，平成11年に改訂された。現行の保育所保育指針の構成は表3－1のとおりである。また平成11年の主な改訂点は表3－2のとおりである。

表3－1　保育所保育指針の構成

第1章　総　則
　1　保育の原理
　2　保育の内容構成の基本方針
第2章　子どもの発達
第3章～第10章　発達過程の区分による保育の内容
　● 発達過程の区分
　　第3章：6か月未満児　　第4章：6か月から1歳3か月未満児
　　第5章：1歳3か月から2歳未満児　　第6章：2歳児　第7章：3歳児
　　第8章：4歳児　　第9章：5歳児　　第10章：6歳児
　● 第3章～第10章の構成
　　1　発達の主な特徴
　　2　保育士の姿勢と関わりの視点
　　3　ねらい
　　4　内　容
　　5　配慮事項
第11章　保育の計画作成上の留意事項
第12章　健康・安全に関する留意事項
第13章　保育所における子育て支援及び職員の研修など

表3－2　平成11年改訂の保育所保育指針における主な改訂点

① 保育指針の中に保育に欠ける子ども達の家庭養育のほかに地域の子育て支援という役割を担うことが明記された。
② 子ども達の最善の利益を考慮するため、保育における体罰の禁止や乳幼児のプライバシーの確保などを図る必要があることが保育士の保育姿勢の中に明記された。また被虐待児の早期発見と対応について明記された。
③ 第3章から第10章の発達過程区分の保育内容において「保育士の姿勢と関わりの視点」が明記された。
④ 乳児保育の一般化を受け，低月齢児の保育内容や保健などの充実が図られた。
⑤ 3歳以上児の保育内容について幼稚園教育要領同様，生きる力の基礎を育てるなどの内容が加えられた。
⑥ 保護者との協力が強調され，保育計画作成にあたり地域の実態，子どもの発達，保育時間のほかに家庭状況や保護者の意向を考慮することが明記された。
⑦ 保育所における子育て支援に関する章を新設。保育所における保育に関する相談の在り方や一時保育などの特別保育を実施する時の留意点を示すと共に研修などについて明記された。
⑧ 従来の「年齢区分」から「発達過程」に改められた。

（石井哲夫他『改訂保育所保育指針　全文の読み方』全社協　p. ix より）

保育指針では，保育所における保育の基本として，「家庭や地域社会と連携を図り，保護者の協力の下に家庭養育の補完を行い，子どもが健康，安全で情緒の安定した生活ができる環境を用意し，自己を十分に発揮しながら活動できるようにすることにより，健全な心身の発達を図る」ことをあげている。

　この中で，家庭との連携，そして地域との連携を図ることがうたわれている。保育所の保育を考えるときに保育所における保育だけをみるのではなく，子どもの生活を家庭・地域社会・保育所の連続性の中でとらえることが不可欠なのである。そして「保護者との協力の下に家庭養育の補完を行う」とあるように，子どもの生活の基盤を家庭生活におき，その延長線上において子どもが健康，安全で情緒の安定した生活を送れるような環境の整備，そして，その環境にかかわりながら子どもが自己発揮し健全な心身の発達を図る保育が望まれているのである。

　このような保育指針の考え方は，家庭との連携のあり方や地域社会との連携のあり方，子どもが健康，安全に情緒の安定した生活を送れるような環境のあり方など，実習において保育所の保育の実際を学ぶ視点になる。保育所の保育がどのように機能しているのかを具体的に学ぶ機会として実習を生かすためにも，保育所保育の基本を示す「保育所保育指針」への理解を深めておきたい。なお，保育指針は現在，改訂作業が進められている。

3　保育所における養護と教育

　前節でみたように保育所保育の基本は家庭養育の補完にある。そのために，「養護と教育が一体となって，豊かな人間性を持った子どもを育成する」ことが保育所における保育の特性である。

　この特性にみられる「養護」と「教育」とはどのような概念だろうか。

　保育所の保育における「養護」とは，子どもが健康で情緒の安定した生活を送るために必要な基礎的事項，すなわち生命の保持及び情緒の安定にかかわる事項を充足させるための機能を意味している。また，保育所の保育における「教育」とは，生涯にわたる人間形成の基礎を培う重要な乳幼児期に，健全な心身

の発達を図るための機能を意味している。

　前述のように，保育所の保育は自然な生活を通して展開されている。ここで一日の始まりである「登園」を保育場面として考えてみよう。

- 保育士の活動
  保育士が子どもに「おはようございます」と挨拶する。
- 保育士の配慮・留意事項
  ➡ 明るく元気よく声をかけながら，子どもたちが今日一日安定した気持ちで園生活に入れるように受け入れる。
  ➡ 子どもからの挨拶，声の大きさや表情，態度，様子から健康状態などを観察する。
  ➡ 子どもが生活に必要な言葉を使うことに配慮する。
  ➡ 保護者との会話，連絡帳の記述から，家庭での様子や園生活での配慮事項を把握する，など。

　このように登園時の受入の一場面を考えてみても，「養護」の機能もあれば「教育」の機能もあることがわかる。保育が生活を通して行われているということは，保育内容を考える際には，「養護」と「教育」を切り離して考えることはできない，つまり一体として考えることが求められるのである。言い換えれば，子どもの生活には養護の機能から考えるべき要素もあれば，教育の側面から考えるべき要素もあるということであり，すなわち「養護」と「教育」の視点からみなければならない。保育内容を考えるときにも，この両方の視点から考えることが大切である。

4　保育内容の構造

1　ねらい及び内容

　保育所の保育内容は，「ねらい」及び「内容」から構成されている。保育指針では次のように説明している。

> ねらい：保育の目標をより具体化したものである。これは，子どもが保育所において安定した生活と充実した活動ができるようにするために，「保育士が行わなければならない事項」及び子どもの自発的，主体的な活動を保育士が援助することにより，「子どもが身につけることが望まれる心情，意欲，態度などを示した事項」である。
>
> 内　容：これらのねらいを達成するために，子どもの状況に応じて保育士が適切に行うべき基礎的な事項及び保育士が援助する事項を子どもの発達の側面から示したものである。

　「ねらい」には，「保育士が行わなければならない事項」と「子どもが身につけることが望まれる心情，意欲，態度などを示した事項」の二つの要素がある。前述のように保育所保育の特色は養護と教育の一体化にあるが，この視点を用いると，前者が養護に関するねらい，後者が教育に関するねらいといえる。
　「内容」には，「保育士が適切に行うべき基礎的な事項」（注1）と「保育士が援助する事項」の二つの要素がある。前者が養護，後者が教育に関する内容といえる。
　保育指針では発達過程区分ごとに第3章から第10章にわたって保育の内容が示されている。これは均一的な発達の基準としてとらえるのではなく，一人一人の子どもの発達過程，すなわち発達の道筋としてとらえることに注意しなければならない。

2　領　域

　保育の内容を考える際に，子どもの発達をみる視点，そして環境のあり方や援助を考える視点となる概念が「領域」である。

　保育指針では，「内容」のうち，保育士が援助して子どもが身につけることが望まれる事項について，発達の側面から「領域」が設けられ，〔健康・人間関係・環境・言葉・表現〕という5つの発達の側面から示されている。

> 健　康：心身の健康に関する領域
> 人間関係：人との関わりに関する領域
> 環　境：身近な環境との関わりに関する領域
> 言　葉：言葉の獲得に関する領域
> 表　現：感性と表現に関する領域

　なお，3歳未満児については発達の特性から各領域を明確に区分することが困難な面が多いため5領域に配慮しながら，基礎的な事項とともに一括して示してある。

　領域は小学校教育以上の教科と混同されることがあるが，全く異なる概念である。教科は国語や算数のように学問体系を基礎とする教育内容の集まりであり，それぞれを独立したものとして扱うことができる。一方，子どもの発達を助長することを目的とする保育では，さまざまな要素が複合的に存在する遊びや生活を通して保育が展開されるという特性をもっている。この遊びを中心とした生活を通して子どもの発達を支えていくためには，発達の諸側面が相互に関連性をもって全体的に発達していくという考え方が必要になる。この際，子どもたちの発達をとらえるための視点，また援助の視点となるのが「領域」である。

　たとえば砂場で子どもたちが砂遊びをしている。保育者としてこの砂遊びをどのようにとらえ援助したらよいだろうか。砂は，適当な水分があれば固まり山やトンネルを作ることができるが，水が多ければ流れ崩れてしまう。さまざ

まに状態が変化する「砂」という素材を楽しむという側面においては，身近な環境とのかかわりに関する領域「環境」の視点から，子どもの遊び・発達をとらえ援助を考えることができる。また友達と一緒に協力して遊ぶことを楽しむという側面においては，人との関わりに関する領域「人間関係」という視点から考えることができる。さらに自分の思いを言葉に表し友達との会話を楽しむという側面においては，言葉の獲得に関する領域「言葉」という視点から考えることができる。

▶砂場で遊ぶ子ども
各領域の視点から子どもの遊びや発達をとらえ援助を考えることが大切です。

　以上のように子どもの遊びにはいろいろな要素が含まれ，それが相互に関連しあって発達していく。その遊びや発達をとらえる視点，そしてその実態にふさわしい援助を考えるための視点として「領域」が存在するのである。
　では，領域別の活動や指導は存在するだろうか。前述のとおり子どもは諸側面がさまざまに関連しあって発達を遂げていくものであり，領域はその発達をとらえ保育のあり方を考えるための視点である。あくまでも遊びや生活の総合的な指導を行うための視点なのであり，子どもの活動を領域により分類し指導するといった領域別の活動という考え方は存在しない。

▶「ゲキレンジャー」になりきって遊ぶ子ども。
イメージが子どもの遊びを拡げていきます。

5　保育計画・指導計画

　保育所における保育実践を理解するうえでの第4の視点は計画である。子どもの実態に即した適切な援助を通して子どもの育ちを支えるためには，計画性のある保育が求められる。保育所保育指針では，全体的な計画としての「保育計画」と具体的な計画としての「指導計画」を作成することが求められている。

1　保育計画

　保育計画は次のような手順で作成される。

> 1　基礎的事項の理解
>   ①　関係法令，保育所保育指針等の理解
>   ②　子どもの発達の理解
>   ③　地域の実態，保育所のおかれている実態の理解
>   ④　子どもの実態と保護者のニーズの把握
> 2　保育所の保育理念・方針・目標に関する理解
> 3　発達過程の見通しをもつ
> 4　ねらいと内容の具体化を図る
> 5　実践を反省・評価し，次の編成に生かす

　全体の計画である保育計画は，保育所保育の最も基礎となる計画である。入所している子ども及び家庭の状況や保護者の意向，地域の実態，保育時間などを考慮し，それぞれの保育所に適したものになるように作成される。また保育計画は，保育の目標とそれを具体化した各年齢ごとのねらいと内容で構成され，それらが各年齢を通じて一貫性のあるものとする必要がある。

2　指導計画

　保育計画に基づき，子どもの状況を考慮して乳幼児期にふさわしい生活の中で，一人一人の子どもに必要な体験が得られる保育を展開するために，具体的な計画として作成されるものが指導計画である。指導計画には，期間の長さにより長期の指導計画〔年間指導計画，期間指導計画，月間指導計画〕と短期の指導計画〔週間指導計画（週案），日計画（日案）〕がある。

　さまざまな書式があるが，一般的には計画の根拠となる「子どもの姿」，「ねらい」，「内容」，「環境構成」，「予想される子どもの活動」，「保育者の援助・配慮」などが記される。指導計画は子どもの実態に即した保育の構想であり，計画的な実践を行うシミュレーションとしての意義をもつ。実践後には実践記録とともに保育の評価，改善を行うことが重要である。

3　実習の場で計画を学ぶ意義

　実習において計画の実際を学ぶことは保育を理解するうえで意義深い。

1　実際の計画を学ぶ

　養成校の授業では保育における計画の意義やその種類，立案方法，計画と実践の関係などを学ぶ。保育現場において実際に実践されている保育の計画を見ることは養成校での学びと実践を関連づける貴重な機会になる。

2　保育実践における保育の内容の理解を深める

　保育者が計画を立案する際には，子どもの実態に応じ子どもの活動を予想しながら，適切なねらい，内容，援助の方向性（環境含む）が考えられている。保育士のかかわりの意図や保育がどのように組み立てられているのかなど保育実践を理解し，計画と実践の関係を理解することにつながる

3　子ども理解を深める

　子どもへの適切な援助を考えるためには，子ども理解が欠かせない。限ら

た実習期間において子ども理解を深めるために，実習中の観察やかかわりを通じて子どもの姿から学ぶ姿勢が重要であることは言うまでもない。さらに，それまでに子どもたちがどのような経験をし，今後どのような保育が予想されているのか，長期的な視野で子どもを理解することも現在の子ども理解を深めることにつながる。

　以上のように，実際の保育の計画と実践を関連させて学ぶことは，子ども・保育を理解する視点をもつことにつながる。支障のない範囲で可能な限り実際の計画に学ぶ機会を得ることが期待される。なお，計画には個人情報が記載されている。取り扱いの際には十分な注意が必要である。　　　　　　（三溝）

（注1）3歳以上児においては［基礎的事項］としてまとめて示してある。

第4章

保育所の運営

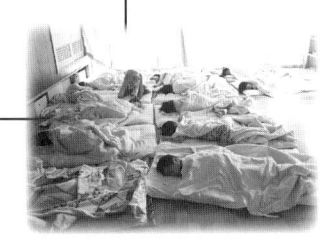

1　保育所は児童福祉施設である

　保育所は保護者の労働または疾病などの家庭の事情（入所基準）により，その監護すべき乳児または幼児が保育に欠ける場合にこれを保育することを目的としている。具体的には両親が共働きであったりするなどして，一日のうち保育に欠ける時間帯がある小学校入学前の児童を保護者の委託を受け預かり，保育する児童福祉法第39条に基づく児童福祉施設である。

　児童福祉とは，社会福祉という大きな枠組みの中の一つの福祉である。昭和22（1947）年に「児童福祉法」が制定された。児童福祉法では「すべて国民は，児童が心身ともに健やかに生まれ，且つ，育成されるよう努めなければならない。すべて児童は，ひとしくその生活を保障され，愛護されなければならない。」と述べられている。（児童福祉法第4条）（日本における児童とは「満18歳に満たない者」と定義されている）また平成6年に発効された「児童の権利に関する条約」第三条の1では，児童に関するすべての措置をとるに当っては，

公的若しくは私的な社会福祉施設，裁判所，行政当局又は立法機関のいずれによって行われるものであっても，児童の最善の利益が主として考慮されるものとする。と児童福祉の諸制度は広く児童の最善の利益を保障する観点から充実に取り組んでいかなければならないと定められている。よって児童福祉法に定められた保育所は「児童の最善の利益」を保障するために設置されなければならない。

1　児童福祉施設の種類

助産施設	助産施設は，保健上必要があるにもかかわらず，経済的理由により，入院助産を受けることができない妊産婦を入所させて，助産を受けさせることを目的とした施設
乳児院	乳児院は，乳児を入院させて，これを養育することを目的とする施設。児童福祉法において乳児とは，1才未満の者をさすが，乳児院では特別の必要がある場合，2才未満の児童を預かり養育する。
母子生活支援施設	母子生活支援施設は，母子家庭の母と児童が入所し，これらの者の保護と，自立に向けての生活支援を行なう施設
保育所	保護者の委託を受けて，保育に欠けるその乳児又は幼児を保育することを目的とする施設。
児童厚生施設	児童遊園，児童館等児童に健全な遊びを与えて，その健康を増進し，又は情操をゆたかにすることを目的とする施設
児童養護施設	頼れる親族がなかったり，保護者に経済的余裕がない児童生徒に対して，地方自治体や社会福祉法人が児童養護施設を設立して衣食住を提供している施設
知的障害児施設	知的障がいのある児童を入所させて，これを保護するとともに，独立自活に必要な知識技能を与えることを目的とする施設
知的障害児通園施設	知的障がいのある児童を日々保護者の下から通わせて，これを保護するとともに，独立自活に必要な知識技能を与えることを目的とする施設
盲ろうあ児施設	盲児又はろうあ児を入所させて，これを保護するとともに，独立自活に必要な指導又は援助をすることを目的とする施設
肢体不自由児施設	上肢，下肢又は体幹の機能の障がいのある児童を治療するとともに，独立自活に必要な知識技能を与えることを目的とする施設
重症心身障害児施設	重度の知的障がい及び重度の肢体不自由が重複している児童を入所させて，これを保護するとともに，治療及び日常生活の指導をすることを目的とする施設
情緒障害児短期治療施設	軽度の情緒障がいを有する児童を，短期間，入所させ，又は保護者の下から通わせて，その情緒障がいを治すことを目的とする施設
児童自立支援施設	不良行為をし，又はするおそれのある児童などを入所させて，必要な指導を行い，その自立を支援する施設
児童家庭支援センター	児童家庭支援センターは，地域の児童の福祉に関する各般の問題につき，児童，母子家庭その他の家庭，地域住民その他からの相談に応じ，必要な助言を行うとともに，第二十六条第一項第二号及び第二十七条第一項第二号の規定による指導を行い，あわせて児童相談所，児童福祉施設等との連絡調整その他厚生労働省令の定める援助を総合的に行うことを目的とする施設

児童福祉施設には児童福祉法の第7条に列記されているように14種類の施設がある。

保育所を理解するためには、まずこのように保育所は14種類の児童福祉施設のひとつであるということを認識しなくてはならない。そして保育士という仕事も福祉の仕事のひとつであるということを理解しなくてはならない。

2　保育士

保育所・児童養護施設などの児童福祉施設で、専門的知識及び技術をもって、児童の保育及び児童の保護者に対する保育に関する指導を行う。保育士資格は社会福祉関係では最も歴史の古い資格で昭和23年に「保母」資格として誕生した。平成11年4月から地域の子育ての中核を担う専門職として保育士の重要性が高まっていることなどに対応するため、保育士資格を児童福祉施設の任用資格から名称独占資格に改め、併せて守秘義務、登録に関する規定が整備され、国家資格となり「保育士」として改められた。

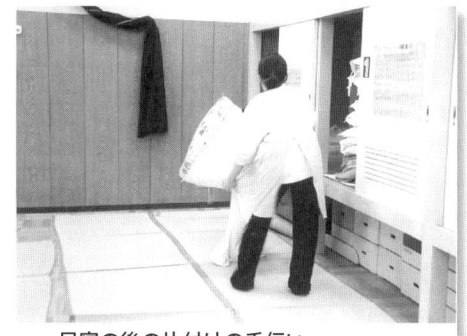

▶昼寝の後の片付けの手伝い
保育士の仕事は多い。日常のさまざまな力量が求められると同時に、生活者として人としての人間性が求められる。

現在、保育士にはさまざまな専門性が求められている。子どもを保育・教育するための専門的な知識や技術だけではなく、親育ても重要な仕事でもある。また地域の育児相談など在宅母子支援の役割もある。そのどれも子どもの最善の利益を考え行動して行かなくてはならない。福祉の精神が根底になければ勤まらないのである。保育は生活である。一日子どもたちと過ごす。そこでは先生と生徒という関係ではなく、人間と人間が生きる営みがある。そこで保育士に一番求められるのは、温かい人間性である。

実習では保育の技術よりもこの人間性が何よりも強く求められる。もちろん

保育士における人間性は，その人が持っている人間性のすべてではない。保育士として身につけてほしい人間性が問われる。もし厳しく指導されても，それは人間性を否定されたのではなく，保育士に必要な適性としての人間性を身につけるチャンスを頂いたのだと考えればよい。さらにその人間性は保育士にならなければ磨けないのではない。学生の時代から常日頃意識して自己を磨くことで培われていく。保育士は就職しても生涯，自己の保育士としての適性に関わる人間性を磨いていかなくてはならない。またそれは人間として美しく成長することでもある。

3　保育施設の種類

　保育が必要な子どもを預かる保育施設を大きく二つに分けると，「認可保育所」とそれ以外の「認可外保育施設」に分けられる。認可保育所は，必要な保育士の数や施設の面積などを定めた「児童福祉施設最低基準」などの基準を満たしていることを，都道府県や指定都市，中核市から確認され，自治体から公費を受けて運営されている施設である。認可保育所には市区町村が設置する公立保育所と社会福祉法人等が運営する民間保育所（私立）がある。

　認可外保育施設は，子どもを預かる施設であって認可保育所ではないものを総称して呼んでいるので，その種類などはさまざまである。中には地方自治体の独自の制度として自治体から補助を受けている施設（東京都における認証保育所や横浜市の認定保育室など）もあるが，全体として，その運営や設備などは，園によって相当異なる。

　保育士の国家資格を取得するために必要な保育実習は認可保育所に限られるので注意が必要である。

　実習先を選択する時に名称だけでは認可園なのか認可外なのか区別がつきにくい。運営主体が何なのかを調べることが大切である。認可園の場合，保育料は昨年度の所得に対して行政で決められた額を，行政が直接親から徴収する。その保育料は福祉制度によって補助があり親の負担額は少ない。よって社会福祉法人の運営する認可保育園のホームページには保育料は明記されていない。認可外施設の場合，行政からの親に対しての補助は原則ないので保育料は親が

直接園に支払う。そのために月額の保育料が明記されている。そうしたところでも区別して間違わないようにすることが必要である。

2　保育所の運営

認可保育所を運営している設置主体は各区市町村の公立または，社会福祉法人，財団法人，宗教法人などの公益法人と営利法人である株式会社，非営利法人であるNPO法人，特殊ではあるが個人立がある。2000年の児童福祉法改正によって運営主体の規制が緩和された。

昭和26年3月29日に社会福祉事業法が制定されるに至り社会福祉法人は作られた。それ以前から財団法人や宗教法人が行なってきた慈善事業としての保育所が混在しているのである。社会福祉法人はその対象が社会的支援を必要とする背景から（社会福祉事業法制定前から行われている）社会福祉事業の社会的信用性を守り，事業の維持・継続を行いその支援対象者の生活を守る必要があるため，公の監督のもと事業経営を安定させた事業体を確保するために創設されたと考えることもできる。また国だけではまかないきれない部分を社会福祉法人が補わなくては日本社会が発展しないということがあった。今日の日本があるのもその復興の背景のひとつに社会福祉の役割があったのである。

社会福祉法でいう社会福祉事業とは，第一種社会福祉事業（同法第二条2項2の2）と第二種社会福祉事業（同法第二条3項2の3）であるが保育所は第二種社会福祉事業として定められている。

1　多機能化する保育所の役割

現在の日本では保育所の保育形態は多様化している。国が児童福祉法最低基準で定めた保育以外に，各地方自治体ではさまざまな形態の保育所を運営している。

これは日本の少子化が大きな影響を与えている。日本では合計特殊出生率が昭和48（1973）年のベビーブームを頂点として昭和50（1975）年には2.0％を下回り，平成元（1989）年には1.57％となり数値が発表された翌年には

国や政財界に大きな衝撃を与えた。その後も出生率が年々低下するなかで保育所のあり方が議論されてきた。

　国は平成6年12月に文部，厚生，労働，建設の4大臣合意で少子化対策として出された「エンゼルプラン」により，保育所の低年齢児受け入れや延長保育の実施など保育サービスの拡充を図ってきた。その後も少子化対策推進閣僚会議で平成12年から16年を目標に「新エンゼルプラン」が大蔵，文部。厚生，労働，建設，自治の6大臣合意のもとに出され，平成16年に閣議決定した少子化対策大綱により平成17年から21年にかけての目標として「新新エンゼルプラン」が出されている。平成17年5月には次世代育成支援対策推進法が制定され，そのたびに保育所の在り方もさまざまな形で変化してきているのである。

　保育所は福祉事業であるから常にこうした時代の流れの中で福祉施策の影響を受け，その社会的役割も増すばかりである。

新新エンゼルプランの目標（平成17～21年）

気軽に立ち寄れる「つどいの広場」	171か所→1,600か所
地域子育て支援センター	2,783か所→4,400か所
延長保育	12,783か所→16,200か所 （全国の保育所の約7割で実施）
休日保育	666か所→2,200か所 （全国の保育所の約1割で実施）
夜間保育	66か所→140か所 （人口30万人以上の市の約5割で実施）
放課後児童クラブ	15,133か所→17,500か所
乳幼児健康支援一時預かり（病後児保育）	507か所→1,500か所 （全国の市町村の約4割で実施）

2　保育所の保育時間

　保育所の保育時間は保護者の就労など保育に欠ける状況に合わせて，就学前の乳幼児を保護し養育するために，保育時間が定められている。認可保育所の場合11時間開所が義務付けられている。朝7時から開所していれば夕方6時までが開所時間となる。

　しかし11時間はあくまでも最低の時間であり各自治体によって特別保育として延長保育を別に定めている。例えば延長保育として1時間から2時間程度の保育を行っている。また夜間保育施設では夜10時までや24時間型の認可保育施設もある。保育施設が存在する地域の保育ニーズによって保育時間が異なっているのである。

▶夕方のお迎え
5時過ぎから保護者のお迎えが始まる。しかし，延長保育で残る子は多く，保育所の一日は，まだまだ終らない。

3　保育所の入所基準

　保育所へ入所できる基準を入所基準という。保育所へ入所できる児童は，保護者（親と別居している場合には児童の面倒をみている者）が次のいずれかの事情にあり，かつ，同居の親族が当該児童を保育することができない場合となる。

1. 児童の親が家庭の外で仕事をすることが普通なので，その児童の保育ができない場合（家庭外労働）
2. 児童の親が家庭で児童と離れて日常の家事以外の仕事をすることが普通なので，その児童の保育ができない場合（家庭内労働）
3. 死亡，行方不明，拘禁などの理由により親がいない家庭の場合（親のいない家庭）

④ 親が出産の前後，病気，負傷，心身に障害があったりするので，その児童の保育ができない場合（母親の出産等）
⑤ その児童の家庭に長期にわたる病人や，心身に障害のある人があるため，親がいつもその看護にあたっており，その児童の保育ができない場合（病人の看護等）
⑥ 火災や，風水害や，地震などの不幸があり，その家庭を失ったり，破損したため，その復旧の間，児童の保育ができない場合

がある。
　このように入所基準を見ただけでも，保育所が福祉施設であることが理解できる。
　保育所の設置認可や運営に関して，また保育士の国家資格が福祉を司る厚生労働省が管轄なのはこうした背景があるということを理解しなければならない。

4　保育所が行う多様な保育サービス

　女性の就労者の増加に伴い，低年齢児保育や延長保育の需要が高まる一方で，子どもの福祉の観点からは低年齢児保育や長時間保育は望ましくないとの考え方もあり，認可保育所の対応はこの両者のバランスを考慮して行われてきたが課題は多い。
　こうした中，保育所では応えられない需要に対して，いわゆるベビーホテルを始めとして認可保育所以外の保育サービスが出現してきた。保育所の保育サービスの充実を図る対策として，1981（昭和56）年に児童福祉法が改正され，認可保育所における延長保育，夜間保育が実施されるようになった。
　その後，その後ますます多様化する保育需要に対応するため，「エンゼルプラン」およびその具体化のための，1995（平成7）年度を初年度とする「緊急保育対策等5か年事業」に基づき，低年齢児保育の拡大や延長保育・一時保育などの多様な保育サービスの供給が推進されている。
　認可保育所の多様な保育サービスには，次のようなものがある。
① 延長保育……通常の保育時間を超えて行う保育。

② 一時保育……保護者が一時的に保育することが困難な場合に行う保育。
③ 緊急一時保育……緊急に保育を必要とする児童に対して実施する保育。
④ 休日保育……日曜日及び国民の祝日に関する法律（昭和23年法律第178号）に規定する休日に行う保育。
⑤ 年末保育……12月29日及び同月30日に行う保育。

❶ 保育所の保育対策等促進事業

　保育所では，保育需要を受け，これまで「特別保育事業」として，乳児保育，延長保育，夜間保育，休日保育，一時保育など，さまざまな保育サービスを展開してきた。さらに，平成17(2005)年4月よりこれらを「保育対策等促進事業」として再編成，拡充し，さらに多様な需要に総合的に対応することとした。

　保育対策等促進事業の目的は，「仕事等の社会的活動と子育て等の家庭生活との両立を容易にするとともに子育ての負担感を緩和し，安心して子育てができるような環境整備を総合的に推進するため，一時・特定保育，地域の子育て支援等を実施することにより，児童の福祉の向上を図ることを目的とする」（保育対策等実施要綱）と定められている。

　保育対策等促進事業の内容は，① 一時・特定保育事業，② 乳児保育等促進事業，③ 地域子育て支援センター事業，④ 休日・夜間保育事業，⑤ 待機児童解消促進事業，⑥ 保育環境改善等事業，の6種類である。

　なお，延長保育促進事業，乳幼児健康支援一時預かり事業は次世代育成支援対策推進法の規定に基づく交付金交付対象となる特定事業の一つと位置づけられた。

　保育対策等促進事業の内容は次のとおりである。

① 一時・特定保育事業

　専業主婦家庭等の育児疲れ解消，急病や入院等に伴う一時的な保育，又は親の就労形態の多様化等に伴う断続的な保育など，需要に応じた保育サービスを提供することにより児童の福祉の増進を図ることを目的とする。

② 乳児保育等促進事業

　乳児保育や障害児保育の推進を図るとともに，認可外保育施設等の利用家庭

に対する支援を行うことにより，児童の福祉の向上を図ることを目的とする。

③ 地域子育て支援センター事業

地域全体で子育てを支援する基盤の形成を図るため，子育て家庭等に対する育児不安等についての相談指導，子育てサークル等への支援などを実施することにより，地域の子育て家庭に対する育児支援を行うことを目的とする。

④ 休日・夜間保育事業

日曜・祝日等の保護者の勤務等により児童が保育に欠けている場合の休日保育及び夜間保育の需要への対応を図り，児童の福祉の向上を図ることを目的とする。

⑤ 待機児童解消促進事業

増大する保育需要に対応するため，保育サービスの供給増のための事業を実施し，もって保育所入所待機児童の解消を図ることを目的とする。

⑥ 保育環境改善等事業

既存の建物を活用して，利便性の高い場所等における保育サービス提供施設の設置，放課後児童健全育成事業のための施設の設置，保育所，保育所分園，及び放課後児童健全育成事業における障害児の受け入れの促進等を行うことにより，児童の福祉の向上を図ることを目的とする。

2 次世代育成支援対策推進法の規定に基づく特定事業

① 延長保育促進事業

11時間の開所時間（夜間保育所（平成12年3月30日児発第298号厚生省児童家庭局長通知「夜間保育所の設置認可等について」により夜間保育を行う保育所をいう。）にあっては，概ね午前11時頃から午後10時頃まで）の前後の時間において，さらに概ね30分以上の延長保育を行う。

② 乳幼児健康支援一時預かり事業

病気の「回復期」にある児童等を区市町村長が指定する病院等に付設された施設や保育所等において一時的に預かる事業で，病児保育とか病後児保育とも呼ばれる。子どもの病気のために就労を続けられなくなったり，生活に影響を受けることもあり，必要に応じて保護者に代わって保育をする必要がある。

❸ その他の保育事業
○ 保育所地域活動事業

　この事業は，保育所が地域に開かれた社会資源として，日常の保育を通じて蓄積された子育ての知識，経験，技術を活用し，また，保育園の場を活用して，子どもの健全育成及び子育て家庭支援のために地域住民のために活用し，地域の需要に応じた幅広い活動を推進し児童福祉の向上を図ることを目的としている。その内容は，多岐にわたり，地域のニーズや重要性に応じて，並びに各保育園の実情や状況に応じて，それぞれの創意工夫において実施されているためにさまざまな活動がある。

① 世代間交流事業
　老人福祉施設等への訪問，またはこれら施設や地域のお年寄りを招待し，劇，季節的行事，手作り玩具制作等を通じて世代間のふれあい活動を行う。

② 異年齢児交流事業
　保育所入所児童と地域の児童とが地域的行事，ハイキング等の共同活動を通じて，異年齢児との交流を行う。

③ 子育て家庭への育児講座
　保育所入所児童の保護者及び地域の乳幼児を持つ保護者等に対して育児講座を開催する。

④ 郷土文化伝承活動
　郷土の踊り，芸能，音楽，手作り玩具，焼物，伝承遊び等についての活動を行う。

⑤ 保育所退所児童との交流
　保育所を退所した児童を保育所に招き，社会性を養う観点から交流事業を行う。

⑥ 小学校低学年児童の受入
　小学校低学年児童（1年生から3年生程度）を一時保育の場を活用して受入れ，当該児童の情緒の安定，安全の確保等を図る。

5　保育所の職員

　保育所の職員は保育所職員配置基準によって定められている。保育所には公立か民間かによっても異なるが、さまざまな職種の職員が勤務している。
園長・副園長・主任保育士・保育士・保健師（看護師）・管理栄養士・栄養士・調理員・事務員・用務員などさまざまである。
　保育士の人数は子どもの数によって定められている。
　国の最低基準では以下の通りである。（実際は都、市行政で異なる）

歳	園児数：職員数	
0歳児	3：1	
1歳児	6：1	
2歳児	6：1	
3歳児	20：1	
4歳以上児	30：1	
保育内容充実	定員90人以下の施設	1人
保育士	定員91人以上の施設	1人＋非常勤1人

　実際に一人一人を大切にした丁寧な保育、また今日のように保育所が多機能な役割を果たしていることを考えると、国の最低基準の職員配置では厳しく、これに対して各自治体では独自の補助をして職員を増員している場合がある。実習生はこうした状況の中で学ばせていただくのであるから、真摯な姿勢で謙虚に臨まなくてはならない。

6　保育所の保育理念と保育内容

❶　保育所の保育理念

　保育所はもちろん社会福祉施設を運営するにあたり最も重要なのは理念である。保育所の場合、保育理念がどのようなものであるかにより、子ども観、保育観が決まっていく。
　理念というのは難しいことではない。簡単に言えばその園ではなにを一番大切にしているかということである。それを理解して実習に臨むことが重要である。

2 保育所の保育内容

　保育所を理解する上で制度的な仕組みも重要であるが，何よりも大切なのは保育内容である。保育の質はこの保育内容がどのようなものであるかによって決まってくる。保育内容は全国2万2千余の保育所があれば2万2千通りの保育があると考えても良い。その保育内容が実習生の夢に描く保育内容と幸運にも一致するか，また大きな隔たりがあるかは分からない。ただ言えることは，自分の理想とする保育所は必ず存在するということである。よって実習に行っただけで保育士という人生をあきらめてはいけない。そのためにはあらかじめさまざまな保育内容について保育原理等で学んでおく必要がある。ここでは簡単に幾つかの保育内容を紹介する。

▶5歳児クラスのおでかけ
近くの保育園との交流会に出かける園児たち。お友だちと仲良く遊べるか，ちょっと不安そう。

① 保育内容の基本
　○ 保育所保育指針を中心とした保育
　子どもは豊かに伸びていく可能性をそのうちに秘めている。その子どもが，現在を最もよく生き，望ましい未来をつくり出す力の基礎を培うことが保育の目標である。として子どもを人間として尊重し対話型で保育をしていく。日本の保育の基本となる理念である。

② 特徴的な保育
　① モンテッソリー教育
　　モンテッソリー教育とは，イタリアにおける女性医師第1号となったマリア・モンテッソリーの教育法で1906年1月ローマ郊外のサン・ロレンッツォに始まった「子どもの家」において，健常児教育に導入し成果を挙げた教育法である。異年齢の子ども達がひとつの教室で共存しな

がら学ぶ環境を取り入れ，モンテッソリー教具を使い，子どもの興味関心を汲み取り，それを実行可能な環境を整え，必要であれば，活動の提示を行い，子どもの学ぶ行為を心行くまでさせるという特徴がある。

② わらべうた保育

ハンガリーの作曲家，コダーイ・ゾルターンの理念を基にして，日本では幼児教育にわらべうたを取り入れ広められ，コダーイシステムと言われている。徹底して行なっている園は，人間の生歌を大事にして，ピアノなども弾かない。個々との関係を大切にして紙芝居などは行なわず，少人数で絵本を読んだりする。一部を取り入れている園はそれほど厳しい制約はない。考え方もさまざまで流派が発生している。

③ 音楽リズム

ピアノに合わせてリズム遊びを導入している園も多い。リズム遊びは律動・自由表現と集団遊び・リトミックを取入れている。

また音楽リズムと称して鼓笛隊や和太鼓を編成している園もある。協調性や集団性を重んじている。どちらも大切なのは子どもが主体的に楽しく取り組んでいるかということである。

④ 自由保育

1924年にイギリスのA.S.ニイルによるホームスクリーニングが始まりである。「世界で最も有名な自由教育の実践校」と言われ，大人の価値観に合わせるのではなく，子どもの自主性・主体性を重んじる運営がされている。

⑤ 英才教育の保育

英会話・習字・バレエ・ピアノ・鼓笛隊・体育指導など乳幼児期から導入している保育園。

⑥ 宗教保育

大きく分けてキリスト教主義の保育園と仏教型の保育園がある。それぞれ宗教的行事があるが，認可園の場合実習には大きな影響はない。また宗教的慈愛の精神から長い歴史を持っている保育所が多い。宗教的理解は必要である。

⑦　保育所の保育形態

　保育所の保育形態は従来どおりの年齢別クラス，小学校のように横割りでクラスを編成し保育をしているところが多い。しかし，この形態は，徐々に縦割り保育に変わってきている。近年の少子化の中で子どもの数が減少し，兄弟姉妹だけでなく近所での子ども同士の係わりも少なくなり，異年齢との日常的な交流が少なくなっている。そんな中，一つのクラスに3歳4歳5歳の混合クラスがいて助け合ったり思いあったりする力を育てよう。異年齢保育の中で作り出そう。という動きが年々増加してきた。

　以上のようにさまざまな保育の理念があり保育内容がある。子どもの見方，捉え方で保育の内容・形態も変わってくるのである。どの園もその理念に自信と誇りを持って運営している。どの考えの園かを事前に理解した上で実習に臨む必要がある。また実習生はどのような理念の園においても学ぶという姿勢が大切である。それぞれに良さがあり，また問題も抱えている。学生時代に実習だけではなく積極的にボランティアや見学をして自分の適性にあった園を見極めることも大切である。　　　　　　　　　　　　　　　　　　　（倉田）

第 5 章

保育所実習に向けての準備

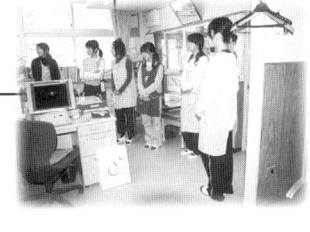

　初めての保育所実習。子どもとふれあい一緒に遊ぶことができるうれしさと共に，実習の全体像がよくわからない不安や初めて訪れる保育所での自分の身の置き所のなさを感じることだろう。この章では，実習へ向けてどのように準備をしたらよいのか理解し，そのような気持ちを少しでも解消して，実習への希望や期待を持てるようにしよう。

1　実習に必要な手続き

1　実習の手続きの流れ

　実習という学びは，学外の保育の場での学習である。そのため，実り多い実習になるよう養成校では，実習へ向けた事前の準備が行われる。また実習生と保育所，養成校は，実習が円滑に行われるよう連絡を取りあう。実習生の行う事務手続きや実習に関する手順は，養成校によって多少異なるが，おおむね次のようなものとなっている。

表5−1　実習の事務手続きや手順

実習前	養成校での実習オリエンテーションや事前指導 実習生個人票や配当カードの作成 実習園の決定 実習園への事前訪問 細菌検査証明書など関係書類の用意
実習中	実習日誌の記入および提出 反省会への出席 訪問指導教員との面談
実習後	実習日誌を実習園へ提出 実習園へ礼状の送付 実習日誌などを養成校へ提出 養成校での事後指導

2　実習園を決める

　実習園を決める方法としては，養成校で実習園を決定する場合と，実習生が保育所を探しお願いする場合とがある。養成校が実習園を決定する場合は，学生の資質や実習園の特色，通勤時間などを考慮し，学生がどの園で実習を行うことがよりよい実習となるかを考え決定している。実習生が直接保育所に交渉するなどの手続きは必要ない。保育所により，雰囲気や特色に違いはあるが，どの保育所でも多くの学びが得られるよう養成校では配慮している。養成校でこのような配慮のもと実習園を決めても，「違う保育所で実習をしたかった」という思いを持って実習に臨んでは，気づきや学びが生まれてこない。実習を実り多いものにする一番の要因は，学生の学ぼうという謙虚な姿勢であることは言うまでもない。

　学生が実習園を探す場合は，認可園であること，近年認定こども園など多様な保育施設が開設されていること，実習において園児の家庭事情を見聞きすることがあるため近くの園は避けること，実習指導をきちんとしていただける園であることなど，実習園を選択する際に注意する必要がある。また実習中は，実習日誌の記入や指導案の作成など，帰宅してからの仕事も多いため，通勤時

間が1時間前後ですむように実習園を探したい。

　保育所には，公立園と私立園とがあり，公立園での実習は，養成校所在地や居住地となる。基本的な手続きは，養成校で取りまとめ，市町村の担当課へ実習受け入れ依頼文書を送りお願いをする。一部市町村では，まず学生が実習を受け入れていただけるか直接保育所にお願いし，その後養成校から実習受け入れ依頼文書を送る場合もある。

▶保育園の一日は長い
園の保育方針や特色を知り，早番や遅番も体験できるように，実習園を探したい。

　私立園では，公立園のような受け入れ学生に関する限定はないが，保育所の事情により実習の受け入れが判断される。私立園は，保育についての基本方針や保育目標，日々の保育の内容などにそれぞれ特色がある。学生が実習園を探す場合には，自宅からの通勤時間が近いからという理由で選択するのではなく，保育所についての情報を学内の資料やi-子育てネット，保育所のホームページを利用して知り，実習園を決めたい。この場合には，学生が電話をしたり訪問により実習受け入れのお願いをする。たとえ電話であっても，保育所の担当者はどのような学生だろうかと関心を持って対応している。自分を知ってもらう最初の機会であることを肝に銘じ，社会人としてのマナー（言葉遣いや電話のかけ方など）に気をつけよう。

　実習は養成校の教育の一環として行われるものであるため，最終的な責任は養成校にあり，学生が交渉して実習園を決めた場合にも，養成校から実習受け入れ依頼書を送付し，正式に実習をお願いする。

3　必要な書類

　学外での実習を行うためには，実習園へ送付する書類などを作成する必要がある。公的な書類であるので，読みやすく書くこと，ペン書きすること，提出

期限を守ることなど，基本的なことが求められる。これらは，社会人として必要な事務処理能力であり，保育士として仕事をする際にも，職場内の仕事の円滑化，保護者との信頼関係の形成にも必要なことであることを心にとめ，学生の時から力をつけておきたい。

実習に必要な書類は，養成校により形式や名称が異なるが，代表的なものは次のようなものである。作成上の留意点や書類の役割などを理解しておこう。

●実習生調査書
　実習を円滑に進めるために，実習園に実習生のことを知っていただく自己紹介の書類。履歴書のように，履歴，趣味や特技，実習履歴，実習へ向けての抱負などを実習生が自筆で書き，写真を貼付する。養成校から送ったり（宅配便など到着が確認できる方法であること），実習生が事前訪問の際に持参したりする。正式な書類であるので，写真も襟のある服装で，髪型にも気配りが必要となる。

●出勤簿
　実習期間中，毎朝保育所の所定の場所で，実習生が捺印する。また遅刻や早退をした場合には，その旨記入しておく。出勤簿という名称から求められる立場を感じ取ろう。

●実習評価表
　養成校により評価表の内容は多様であるが，実習内容（実習態度や子ども理解，保育士として求められる態度や技術など）について，実習終了後に実習園が評価する書類である。実習としてどのようなことが求められているのか，準備段階から知っておきたい。

●健康診断書と細菌検査証明書
　実習では，乳幼児に接するだけでなく，食事の配膳や調理を担当することもあるので，伝染性の病気に罹っていない証明を提出することが求められる。春に養成校で行われる健康診断（胸部レントゲンを含む）をきちんと受け，実習前には細菌検査を行う。日頃から自分の健康状態を良好にしておこう。

2　実習園の理解

1　なぜ実習園を理解するのか

学内において，事前の準備が進められるだけでなく，実習園においても実習生受け入れの準備が進められている。実習前には，実習生が保育所を訪問し，実習についてのオリエンテーションを受ける。

なぜ，実習前にオリエンテーションが必要なのだろうか。保育所では，保育

所保育指針に基づき，子どもの実態や地域性，保護者のニーズをふまえて育てたい子どもの姿を思い描き，「保育計画」を作成している。その保育計画により，年間計画など長期・短期指導計画が立てられ，日々の保育を行っている。このような大きな保育の流れの中に，実習生は短期間参加させていただき，実習を行う。したがって，実習生として保育に参加し学習するためには，実習園がどのようなことを目標にし，どのような子どもを育てたいと考えて保育者は援助をしているのか，また保育内容や設立の経緯などどのような特色のある保育所なのか，実習前に理解しておく必要がある。実習園をより実際的に理解する機会が，実習園におけるオリエンテーションである。

2 実習園でのオリエンテーション

❶ 依頼の電話連絡

　実習園でのオリエンテーションは，実習の2〜3週間前には行われるので，1か月くらい前には実習生が保育所に電話をかけ，日程を調整していただく。その際には次のような点に配慮し，準備をしてから電話をかける。

1. 同時期に複数の実習生が配属されている場合には，代表者が電話をし，一緒にオリエンテーションをお願いする。自分たちの都合の良い日をあらかじめ数日用意しておく。
2. 保育の忙しい時間（朝の受け入れ時間や昼食時）は避け，保育所の昼寝時間（午後1時から3時頃）などに電話をかける。
3. 下記の要点を参考にし，確認する事項をメモ書きし，聞き落としのないように準備して話す。また，社会人としての言葉遣いに気をつける。
4. 電話をかける要点
   - ❶養成校名，氏名を名乗り，実習でお世話になる挨拶をする。
   - ❷用件（オリエンテーション実施のお願い）を伝える。
     「いま，お時間よろしいでしょうか」と確認する。
     担当者が留守の場合などには，都合のよい日時を聞く。

授業時間など電話をかけられない時間帯に注意する。
❸日時を相談させていただく。(実習園の都合を優先する)
❹オリエンテーションに必要な持ち物を伺う。
❺養成校から，見学をさせてもらうように言われている場合などは，お願いする。
❻日時，持ち物などを復唱する。
❼お礼を述べる。

2　オリエンテーションまでの準備

　オリエンテーションは実習園と実習について理解を深め，双方が準備をする機会である。実習生は，オリエンテーションまでに学内の資料やi-子育てネット，保育所のホームページを利用して，実習園についての理解を深めておく。
　またオリエンテーションで，伺うべきことや相談すべきことなど，次項オリエンテーションの実際に書かれている確認事項を参考に確認し，準備をする。
　当日どのような公共交通機関を使い，通勤時間はどのくらいかかるか，混雑する時間帯には，余裕を持って行けるように検討しておく必要がある。マナーや服装などにも気を配り準備しよう。

3　オリエンテーションの実際

　オリエンテーションは実習のための準備であるが，実習の初日と考えられる。実習生と言っても，子どもにとってはモデルとなる大人であり，保護者や地域の人には保育所の職員の一人と見られる場合もあるので，社会人としてのルールやマナーを身につけておきたい。オリエンテーションの当日の流れでは，具体的に次のようなことがあげられる。

1. 約束の時間を守るだけでなく，少々の突発的な出来事にも対応できるよう時間に余裕を持ち，15分くらい前には到着するつもりで行動する。
2. 服装，髪型は，学生らしい清潔感のあるものがよい。保育士として

の身なりと考え，自然なお化粧や爪を短く切るなど自分の身なりを点検する。
③ 園では，出会った職員や保護者の皆さんに挨拶をし，受付で名乗り，訪問の主旨を伝える。

　そして，施設長や実習指導担当者と，実習についてのオリエンテーションが行われる。実習園の方針や在園児の実態など実習園や保育について話を伺い，園を見学させていただくことで，実習のイメージが現実のものとなるだろう。実習について漠然と抱いていた期待や不安も，子どもと生活や遊びを共に過ごすことへの楽しみや実習を充実したものにする準備への意欲と，より具体的になることだろう。謙虚さを持ってしっかり学んで欲しい。また実習内容や実習課題について聞かれ，配属クラスの希望を聞かれることもあるので，学内での準備学習をしっかりし，相談できるようにしておこう。オリエンテーションで確認し，相談することは，次のようなことである。

表5－2　オリエンテーションで確認・相談すること

① 実習園について理解する
　□保育方針（園のパンフレットや保育計画を見たり、コピーをいただく）
　□園の特色
　□地域性や在園児の実態
　□クラス編制、職員構成
　□開所時間、デイリープログラム
② 保育について理解する
　□指導計画（年間計画、月案、週案などを見たり、コピーをいただく。実習が始まってから配属クラスの保育士からいただくこともある）
　□実習期間中や期間後の行事予定
　□よく歌う歌や遊びなど事前に知っておいた方がよいこと（知らない歌の場合は楽譜をもらうとよい）
　□保育環境（保育室、設備、園庭の様子など）
　□実習をする上で知っておくべき実習園の約束事
③ 勤務について
　□出勤時刻、退勤時刻（早番、遅番なども積極的にお願いする）
　□実習中の服装（通勤、保育中）
　□必要な持ち物
　□昼食（弁当または給食、費用の支払い方法など）

④　実習について
　　□配属クラス
　　□部分実習や責任実習の依頼と日程の調整
　　□実習日誌を記入する上での注意や提出日、提出先
　　□指導案提出日や提出先
　　□実習初日の朝の行動（どこへ行き、何をしたらよいのか）

4　オリエンテーションでの学び

　オリエンテーションで理解したことは，訪問終了後すみやかに整理し，実習日誌に記録しておく。要点を整理し記録することは，そこで学んだことが自分の知識として身につくこととなる。整理しながら実習を思い描き，実習へ向けて準備すべきことにも気づくだろう。
　また，オリエンテーション報告書を養成校へ提出する。これは，教員が訪問指導する際に，実習園や実習予定を知り指導の手がかりとするものである。

3　充実した実習のための学習

　オリエンテーションが終わり，実習へ向けての緊張とともに意欲も高まってきたことだろう。しかし学生の中には，「準備をしなくては……」と思いながらも先延ばしにし，実習の直前になって付け焼き刃の準備をして臨み，実習中にあわてる者もいる。実習後の充実感は，日々の学習と準備に関係していると言えるので，履修した関連科目の復習も重要である。自分に必要な準備をできる限りしておくことは，実習へ臨む意欲と技術の向上へつながるだけではなく，実習での自分の安心感や自信を生み出すのである。実習が終わったとき，充実感を感じている自分を思い描き，準備を進めよう。
　実際の実習では，それぞれの園の指導も受け実習が進められる。時には養成校での指導と異なる場合もあるが，実習園の指導を謙虚に受け，何事からも学んでいく柔軟性を持ち実習に臨みたい。

1　実習課題を立てる

1　なぜ実習課題を立てるのか

実習では，養成校で学んだ知識や技術を保育の現場で実践することで，体験を通して理論と実践の相互関係を総合的に学ぶ。養成校での授業とは異なり，目の前に展開される保育実践について，その場で説明や教授されることから学ぶだけでなく，自分で保育実践から大切なことを見極め，学ばなくてはならない。

　保育実習のねらいや養成校において学んでほしいことは，実習の事前学習において提示される。しかし，これだけでは実のある実習とはならない。

　例えば，旅行に行く時，旅行先と期間が決められていても，人によって行きたいところ，見たいこと，経験したいことが違うはずである。ガイドブックなどを利用し，旅行の計画を立てるように，実習においても目の前の保育実践から何を学びたいのかという実習課題を立てる。課題を持つことで，生活という多様さをもつ保育の場から，見えてくるものがあり，実習が自分のものとなる。

2　実習課題の立て方

　見学実習から参加観察実習，部分実習，責任実習へと，知識と経験から学んだことをもとに，実践力を身につけることが実習の大きなねらいである。実習では，楽しいこと悲しいことさまざまなできごとの生起する毎日の生活を子どもと共に過ごす。生活を共に過ごす一員となることは，基礎として求められる姿勢であり，そこが実習の出発点であることは確かである。しかし，それだけでは楽しい実習で終わってしまい，何も学ばずに終わってしまうことにもなりかねない。

　保育士としての実践力を身につける実習で，あなたはどのようなことを知り，力をつけたいと思っているだろうか。まず日頃の学習やこれまでの実習，ボランティアなどの経験から，疑問に思うこと，保育現場で知りたいと思うことを探してみよう。次に学習を振り返る視点の一例をあげたので，自分の実習課題を見いだしてみよう。

　また，自分の実習課題や養成校から提示されたねらいをさらに詳しく日々の実習課題として設定すると，保育を見る視点がはっきりし気づきや学びが増すことだろう。

表5‐3 実習課題を見いだすために学習を振り返る視点（例）

子ども理解に関する内容	年齢、月齢による発達の様子 個性豊かな子どもの様子 子ども理解の方法 子ども同士の人間関係や相互作用 個と集団の関係
保育士の役割に関する内容	子どもの年齢による保育士の役割 保育士の多様な役割 職員間の連携 保育士としての倫理
保育内容、方法に関する内容	デイリープログラム 年齢、月齢による保育内容や環境 生活場面における保育や援助 季節に関連した保育や行事 クラス運営
保育の実践に関する内容	子どもとの遊びや生活 生活や遊びにおける援助 保育計画に基づく準備 保育の計画立案、実践
保護者への支援・対応に関する内容	保護者との連携 多様な保育ニーズ （障害児保育，延長保育など）への対応 地域の保護者への支援と対応
保育所の機能に関する内容	保育所に求められている社会的機能 保育士の勤務体制や分担 安全管理 地域における役割

2　参加観察実習に必要な準備

　参加観察実習では，「かかわりながら共感すること」を通して学ぶ。同じ保育場面に参加し観察しても，とらえる視点と読み取る力によって，学ぶ内容は異なる。例えば，2歳の子どもが食事の時に，保育者の顔をちらちら見ながら食べ物を落とした。その場面を見て何をとらえるだろうか。落としたことに目を向け，やってはいけないことと思う。保育者の顔を見ていた様子も含め，かまってほしいのではないかと子どもの気持ちを感じ取る。また，朝から機嫌が

悪く，いつも違う様子だと読み取る。このように同じ場面でも，何に気づきとらえるか，また持っている発達に関する知識によっても，事例の読み取りの深さが変わる。子どもの内面を理解する視点を持てるよう，日頃から子どもをよく見たり，ボランティアをするなど子どもと関わる機会を増やそう。

内面を理解する視点は，保育士の働きに関しても同様である。保育士が行っている具体的援助行動だけでなく，そこに込められた保育者の配慮を感じ取れる見方を学んでおきたい。

3 部分実習に必要な準備

部分実習は，登園時の受け入れや昼食の準備，昼寝の準備などの生活，設定保育や自由遊びの時間など，保育者の指導の下で1日の保育の一部分を受け持ち，保育計画の立案，準備を含め，実際に保育をする実習である。指導計画の書き方を習得し，絵本・紙芝居や手遊びなど子どもと一緒に楽しめることや保育実習の内容を準備する必要がある。他教科で学んだことなどを参考に，普段からレパートリーを増やし，実践できるようにしておきたい。実習前では子どもの様子を見ていない限界はあるが，発達についての基礎知識をもとに，対象年齢もおおよそ検討をつけておく。

▶昼寝のあとのおかたづけ
子どもたちの着替え，布団の片付け，掃除など生活者としての手際のよさが求められる。

部分実習にはこれをやろう，こうしようと意気込むのはよいが，子どもの気持ちとかけ離れては保育を展開することはできない。保育の主体は子どもであり，子どもを指導し教えるのではなく，子どもの興味関心を引き出す工夫をすることである。設定保育では導入をどのようにするのか，十分に検討する必要がある。場合によっては，数日前から実習で使う素材を保育室に置かせていただき，子どもの興味を引き出すなどさまざまな工夫を考えてみよう。

部分実習は子どもの前に立ち話すことが多い。落ち着いて話したり，表情豊かに語ったり，声の出し方や立ち方，動き方など適切だろうか。参加観察で見た保育士の様子も参考にし，自分の立ち居振る舞いを振り返り練習してみよう。

4 責任実習に必要な準備

責任実習は，保育者の指導の下で，半日から1日の保育を保育士として実践する。部分実習と同様に，指導計画の立案，準備，反省を含めて行う。責任実習を行う場合，できるだけ同じクラスに配属していただけるようお願いする。そして，オリエンテーション時または実習が始まってから，配属クラスの指導計画を見せていただき，自分の実習がどのような全体計画の中に位置するのか理解して，計画を立てる。実習中に子どもの実態をよく把握し，保育士の役割について学び，指導計画を立案し実践する。オリエンテーション時に責任実習をするクラスが決まれば，保育について部分実習同様にいくつかの案を準備しておこう。

実習が始まったら，配属クラスの1日の流れや子どもの実態について把握する，責任実習を行う時間帯を何回かに分けて部分実習をさせていただくというように，順序を踏んで責任実習へ向け実践力を積み上げていくと，責任実習が充実したものとなるだろう。しかし，実習園によってはそのようにできない場合もあるので，指導担当者と相談しながら実習の計画を立てる。部分実習の積み上げができない場合も，責任実習の時間帯における子どもの様子や保育者の役割などについて，参加観察により学び，責任実習に生かすとよい。

5 実習日誌の書き方

実習日誌を書くことは，実習を振り返り，理論と実践を結び自分の学習とするプロセスである。実習中は夢中で過ごし，ゆっくり考え子どもに応じている間はないが，実習後に出来事や自分のかかわりについて振り返ることで，保育士としての成長が生まれる。日誌には，実習で何に気づき，何を学んだかが表れるため，指導者は実習生の学びを把握し，助言してくださる。このような日誌の意味をふまえ，つぎのようなことに留意して，日誌を記述する。

1 生活の流れをつかむ

　実習日誌の書き方には，大きく分けて二通りある。一つは，1日の生活の内容を時系列にそって書く方法（実習日誌例参照），もう一つは，出来事をエピソード形式で記述していく方法である。時系列で記述する場合が多いが，実習の進行や実習園の指導で，エピソード形式により記述することもある。いずれにしても，保育や子どもの活動を，登園，自由遊び，昼食の準備というようにまとまりでとらえ，1日の生活の流れをつかんだ上で記述する。

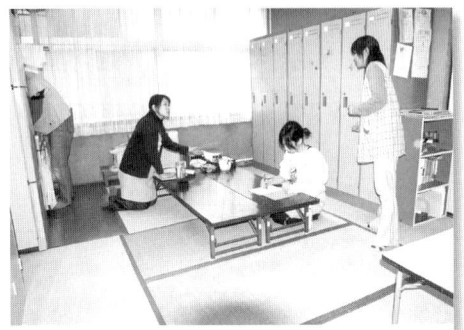

▶休憩時間に記録をする実習生
休憩時間といっても貴重な学習の時間でもある。気がついたことがあれば，メモをすることも。

2 具体的に要点をとらえて書く

　実習日誌を書くときに，何を書いたらよいかわからないという場合と書きたいことが多すぎて困ったという場合がある。前者の場合は，実習の課題や日々の実習の課題をしっかり持ち，実習で多くのことに心動かされたり，発見したりする姿勢が必要である。後者の場合には，何に気づき何を学んだのか，具体的に大切なことは何か要点をまとめて簡潔に書くよう心がける。

　同じクラスで何日か実習すると，生活の流れはだいたい同じだからと，毎日同じことを書く学生がいるが，保育を見る視点は実習が進むにつれ向上し，同じ場面を見ても，そこで気づくことはより深いものになっていくはずである。子どもや保育者の具体的行動にまず目が向くだろうが，しだいにその時の子どもの気持ちや保育者の援助に込められた配慮に気づけるようにしたい。また，自分がどのように関わったのか振り返り記入すると，自分の動きや見方への気づきが生まれる。

　記録を記述する際には，公的な記録に準ずることを心に留めておきたい。保育士になると保護者への連絡帳なども書く。保護者や他の保育士が読んだとき，

11月 8日（金）天候 晴れ	ちゅーりっぷ組（ 3 歳児）	出席 男児 8名 女児 12名
		欠席 男児 0名 女児 0名

指導保育者 　〇〇　〇〇先生　　　　　　　　実習生　□□　□□

今日の課題
　3歳児の生活の様子を理解する。
　3歳児の社会性の発達や身辺自立の様子を知る。

保育の記録

時刻	子どもの活動・様子	保育者の援助・配慮	実習生のかかわり・考察
8：30	○順次登園 　ホールで他の年齢と一緒に遊ぶ。おもちゃの取り合いがしばしば起こり，お互いが主張して譲らないこともある。	・子どもたちを迎えながら視診をする。 ・けんかをした時には，子どもが気持ちを言葉にするまでじっくり待つ。	・子どもと接し，体調の善し悪しを見る。 ・できるだけいろいろな子どもに接し，子どもが友達と一緒に遊べるようにする。
9：20	○朝の会 　朝の挨拶，お休みの子の確認，きのこの歌を歌う。 　排泄をし，帽子をかぶる。	・朝の挨拶をする ・実習生を紹介し，子どもに挨拶をするよう促す。 ・欠席の確認をし，散歩の前の準備に気づくよう促す。	・朝の挨拶をし，自己紹介をする。 ・きのこの歌を一緒に歌う。 ・トイレの様子を見守り，手を洗うように促す。
9：40	○散歩 　二人ずつ手をつなぐ。 　道路の端に寄って歩く。 　周りのものを観察しつつ歩く。 ○北野公園で自由遊び 　自分の遊びたいものを見つけて走って行く。なかには，迷っているのか動き出さない子もいる。	・前後の安全を確認し，子どもにも注意を促す。 ・遊んでよいものを確認し，公園の外へ出ないことを約束する。	・安全に配慮しながら，子どもと一緒に周りのものを見ながら歩く。 ・S君を見守りながら，他の子どもと関わり一緒に遊ぶ。

○今日の保育から学んだこと
　3歳になると基本的な日常生活のことは，ある程度できることがわかりました。「～しようね。」「～どうするの。」と声をかけるとしっかりできる子どもが多く，感心しました。自分のことだけでなく先生の仕事や友達の後片付けなど，手伝おうとする姿も見られ，自分が人の役に立つことに喜びを感じているようでした。けれども，子どもの中には，実習生だからかも知れませんが，「やって」と甘えてくる子もいて，どこまで甘えさせていいのか迷います。私が，甘えて寄ってきてくれる子どもに対してうれしく感じてしまい，甘えを許しすぎてしまったように思い，反省しています。
　公園に行ったときには，先生が居るときだけ乗ってよい遊具など約束事を守ることができることがわかりました。自分の行動の結果を予想し，どうしたらよいかを考えることができるようでしたが，感情的になるとその余裕がなくなり喧嘩になることもありました。保育者が仲立ちをすると自分の行動を振り返り，反省する様子もうかがえました。私も真似をしてやってみましたが，頭の中が真っ白になり，早くどうにかしなくてはと焦ってしまうまくいきませんでした。
　また，3歳の子どもたちは，やりたいことを実現できる力を持っているので，1～2歳と違いかんしゃくを起こす姿は見られませんでした。周囲の人やものに感心を持つようになるだけでなく，自分がどの程度ならできるか把握できるようになっていると感じました。
○これからの課題
　けんかになると逃げ出してしまう子もいました。その子の気持ちを感じ取りながら，他の人の気持ちにも気づいてもらうにはどのようにしたらよいか考えていきたいと思います。

図5－1　保育所実習日誌例

誤解を受けるような否定的な表現（「叩いて」や「無理矢理」など）は避ける。日誌を書くときから，記述の仕方に気をつけていこう。

❸ 何を学んだのか整理する

　実習日誌には，1日の実習を通して学んだことや感想を書く欄がもうけられている。1日の保育の流れを記述することで，印象に残ったことや気づいたこと，考えたことなどがあるだろう。その中から何を書いたらよいか迷うが，実習課題やその日の課題について書いたり，重要だと思うことを整理し，読んでくださる指導者に自分が何を感じ取り学んだのかが伝わるように書く。自分はわかっていることでも，言葉が足りないと読み手には伝わりにくいので，観念的な言葉でなく自分の言葉で表現をすることを心がけたい。

6　指導計画（指導案）の書き方

　指導案を書き責任実習などを行う場合には，早めに指導者や配属クラスの保育士にお願いして月案や週案を見せていただき，実習内容について相談する。そして，余裕をもって指導案を提出し，指導していただくようにしよう。指導案の作成の手順は，次の通りである。実際に何度か指導案を書き，書くべき内容が考えつくように準備しておくとよい。

❶ 子どもの実態を把握する

　実習前半で，クラスの様子，発達の様子，子どもたちの個性などを把握することが，まず基礎である。実習期間が短くてもこれが基礎であることを踏まえ，実態の把握に努める。

❷ ねらいと内容を検討する

　子どもの実態を把握し，指導計画の長期的な見通しを理解した上で，このように育ってほしいという保育士の願いが生まれてくる。このような経験をして育ってほしいという思いをねらいに書き表し，そのような経験が生まれるような実際の活動内容を検討する。実習の準備段階で多くの活動内容を検討してお

くと，このときの選択肢が広がる。指導計画の見通しや行事との関連で，内容の検討もされるので，指導保育士とよく相談しよう。

3 活動の展開を検討する

ねらいと内容が決まったら，主要な「環境構成」と「子どもの活動と予想される姿」，「保育士の援助と留意点」を検討する。どのように導入し，子どもがどのような活動をするか。その展開の仕方に自分の保育観や子ども観が表れる。例えば，5歳児クラスで材料を配るときに，子どもを席に座らせ，実習生が全員に配った方が混乱はないかもしれない。けれども，子どもが材料を取りに来たり，グループの当番が取りに行くと活動への期待感やグループとしての意識は高まるだろう。子どもがどのような経験をし，何を育てたいのか。それによって活動の展開の仕方が変わる。子どもの気持ちや様子を予想しながら，環境構成や保育士の援助・留意点を吟味することで，混乱や危険は回避することができる。

4 反省を明日からの保育へ生かす

実践して終わりでは，保育者としての成長は望めない。実践を振り返り，子どもが生き生きと活動した場面からは，なぜうまくいったのか，そのポイントに気づき，うまくいかなかった場面からは，自分の弱さやいたらなさに厳しくとも目を向け，それらの学びを明日からの保育に生かす。その姿勢は，必ず自分の力や自信となることだろう。　　　　　　　　　　　　　　　　（榎田）

6月11日（火曜日） 10時30分〜11時30分		実施場所　保育室		指導者氏名		○○　○○　先生
クラス		4歳児　たんぽぽ組 （男12名，女10名）計22名		実習生氏名		□□　□□

ねらい
- 頑張って製作し，出来上がった喜びを知る。
- 作ったおもちゃで友達と一緒に遊ぼうとする。

内容
- パッチンかえるの製作
- 自分の作った物で楽しく遊ぶ。

前日までの準備
　前日までに，かえるの絵本を読む。
　厚紙，輪ゴム（人数分より少し多めに用意する。厚紙には切り込みを入れておく）
　サインペン（5グループ分）
　見本（子どもによく見えるように大きく作る）

時　間	環境構成と準備	予想される子どもの姿	保育者の援助と留意点
10：30	製作の後遊べるように保育室窓側を空けておく。 　　　　窓 　△ □□□□ o o o o □□□□ 　　　　　入口 ○ 実習生 o 子ども △ 先生	朝の会が終り，引き続き部分実習 ○椅子に座って実習生の話を聞く。 　質問に答え，一斉に話し始める。 　実習生が飛ばすのを見る。 ○製作の準備をする。 　作り方の説明を聞く。	・かえるが飛ぶ様子を聞き，製作に興味を持てるように話す。 ・パッチンかえるを飛ばして見せ，一緒に作ることを提案する。 ・1回しか説明しないことを伝え，集中して聞くように促す。 ・見本を見せ，作り方の説明をする。 　①厚紙の表にサインペンで好きな絵を描く。 　②一方の切り込みに輪ゴムを引っ掛け，裏で一回交差させ，もう一方の切り込みに引っ掛ける。
10：50	厚紙，輪ゴム，サインペン	○材料を受け取り，製作をする。 　材料が揃っているか確認する。 　厚紙に絵を描く。 　切り込みにゴムを引っ掛ける。 　早く出来上がってしまう子がいる。 ○できあがったパッチンかえるで遊ぶ。 　集まって座る。	・材料を配る。もらっていない子がいないか確認する。 ・一人でできるように見て回る。 ・できないところは，補助的に手伝ったり，横で見本を見せたりして自分で完成できるように援助する。 ・出来上がった子に裏にも絵を描いてもらったり，片付けを頼む。 ・顔にぶつからないように，上からのぞかないこと，一歩離れることを注意する。 ・楽しく遊べたことを共有し，自分のロッカーにしまうこと，次に昼食の準備をすることを伝える。
11：30		○片付けと昼食準備 　なかなか片付けない子がいる。	・遊びたい気持ちは受け止め，お昼寝の後に遊ぶように伝え，昼食の準備を促す。
反省および今後の課題		指導者からの助言	

図5‐2　実習指導案（例）

第6章

保育所実習の実際

1　良い実習にするためのマナー

　実習先も決まり，実習生調書も送付して細菌検査など所定の手続きを終えると「さあ　実習」である。そのとき，学生が考えること，焦ること，不安に思うことは「できるかな？」「子どもに嫌われないかな？」「先生方は優しくしてくださるか……」ということである。マイナスに考えると不安は限りなく広がり，気持ちが追いつまってしまう。でもポイントをおさえ，それをしっかり行えば実習は楽しくて有意義である。そのポイントは，
　① 実習園や担当の先生方に一般的なマナーをもって「感じの良い学生」という印象を持っていただくこと。
　② 自分は「実習生」であり，「見習い中」で「資格がない」のだということをしっかり自覚すること。

　この節では実習をスムーズに行かせるためのマナーについて学ぼう。

1　「身につく」ということ

「躾」という字は「身を美しく」と書く。マナーを身につけるということは言動が美しいということでもある。それは周りの人に好感を持たれることだ。

また、「身につく」ということは「考えなくても自然にできる」ということでもある。それは実習直前からの心がけだけではなかなかできないものである。実習指導の授業で聞いたときには「その場でやれば必ずできる」と思う。しかし、緊張したり、新しいことを覚えたりする場になると、習慣づいてないことはできないのである。子どもたちに「生活習慣のしつけ」をする事が保育士の大事な業務だが、それは「毎日同じパターンで繰り返し行う」ことで身につくのである。我々のマナーも同じであるという認識が重要だ。

必要なマナーの準備は「さあ、今日から、今から……」頑張ろう。

❶　時間をしっかり守る。遅刻をしないこと。

実習中、時間の指定はきちんと守ることは何よりも大切である。不適切な遠慮はしなくても良い。出勤時間は10分前に必ず到着すれば良い。帰宅も「帰っていいよ」といわれたら身支度を始める。しかし、時間指定で言われたら「必ず」その時間には業務（集合も含めて）できる状態に自己管理することである。

「時間」に対しては人によって大分感覚のずれがある。「少々遅れてもいいじゃないか。大したことではない」と思っている人は要注意。注意されたときに、きちんとしている人と比べものにならないほど反抗的になって、相手への嫌悪感さえ感じてしまうからである。

❷　感じのよい挨拶をしよう

人生を終えるまで「挨拶」は良い人間関係のためには大変大切である。

ほんの短い瞬間的なことであるが、相手への印象が決まってしまう。それは誰もが知っていることだからこそ、子どもたちにも「ごあいさつ」から教えていく。挨拶は自分ができていると思うことではなく「相手がどう感じるか」がポイントである。

第6章　保育所実習の実際　97

　教員が実習巡回指導に行くと実習生評価の最も多い会話が「挨拶がいいですね」「挨拶がどうも……」である。後者の場合学生に伝えて指導しようとすると決まって「やってます」という。しかし，相手が「挨拶に問題がある」といっている限り，見直し訂正する必要がある。
　挨拶での感じの良い悪いが次の指導につながり，学生の力が不十分な場合に好意的に受け止めてくださるかどうかに大きく影響する。これは実習に限らない。日常の生活の中でも「感じがいい」「優しそう」「きちんとしている」という印象を受けると「できないことは教えてあげよう」と思うし，「まちがっても許してあげよう」という気持ちになる。
　例えば，失敗しても「いいのよ。まだ，学生さんなのだから」といわれるか「いくら実習でもこのくらいはできないと困るのよ」といわれるかの微妙な区分は実は「挨拶」による「感じのよさ」にかかってくる場合があることを知ってほしい。よく学生が，同じ失敗でも友人と自分では相手の対応が異なると不満を述べるが，それはこの辺に原因があることが多いのである。「目を合わせて，笑顔できちんと挨拶をする」これが実習成功の秘訣とさえいえる。
　人間は挨拶したくないときいろいろ心の中で言い訳する。「お忙しそうだから……」「他の人と話しているから……」でも実習園では「忙しそうと思っても素通りしないで挨拶してください」という。
　何かで苦手意識を持っている人に関しても同様である。そういう人に対してこそ最高の挨拶をしなければならないのに，なんとなく伏し目がち，緊張してこわばった表情……になる。また，避けられれば避けたいというちょっとした気持ちは敏感に相手に察知される。それでは関係はスムーズに行かなくなるのは当然である。

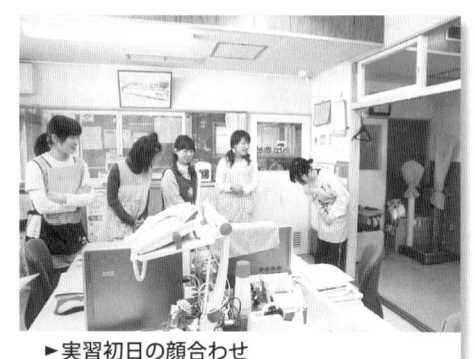

▶実習初日の顔合わせ
一日の初めは挨拶から。
実習初日の印象も，始めの挨拶が大切である。

3 周りと同じに

どの職場にもその職場なりの雰囲気がある。それを観察して順応すること。はしゃぎすぎたり、遠慮しすぎて丁寧すぎたり……。どれも自分中心の周りの見えない学生として、園から注意される事柄である。

また、授業の中で教わるとそれをきちんと守るがあまり、実習園での様子を見落としてしまう場合がある。しかし、マナーに関する実習指導は、一般論でそれを踏まえた上で、自分でオリエンテーションなどで早めに園の姿勢を感じ取ることが大事である。

例えば、「出勤時はスカート」と決めている園もある。「登園したら必ず園長室に挨拶に行く」「頸にタオルをまいたまま出勤しない」「休憩時間に外の自動販売機で飲み物を買わない」……みな、園では当然のエチケットであるが、心に留めないとキャッチできないことでもある。

2 受け入れる保育所側の様子

実習が成功するかどうかは実習先の保育園との関係性の中にある。

相手との関係に重要なことは「相手を知る」ことである。相手（実習先）を知るためには第1章等で学習したことに加えて「保育所が実習生を受け入れる」ということは、どのようなことかを知ることが重要である。ここではそれを学習しよう。

1 保育所が実習生を受け入れるということ

すべての福祉施設には後輩の指導が義務付けられている。現在の保育士はいつかは退職していく。新しい保育士を迎え入れる準備をすべての保育所が行わなければならない。したがって実習生の受け入れは保育所の義務である。

しかし、その年度によって、いつごろ、何人を受け入れるかは園の諸事情で異なる。

1 実習予約

基本的な約束事として、開園3年間は受け入れにくい。また、実習先の決定

は2年前くらいに行うことなどが一般的である。

　それを踏まえて，各園で園の個別の事情，例えば退職者が多く，入れ替えが多い年や，充分に指導能力のある職員が少ないなどの事情を考えて園長や実習受け入れ担当窓口（多くは主任保育士）が決めていく。他校の実習生との重なり具合も配慮する。

2　実習直前の保育所側作業
　1　保育所ではあらかじめ「実習生受け入れマニュアル」（全職員周知）と実習生向け実習要綱を作成している
　2　実習生調書による実習生のイメージなどの確認する
　3　クラス配置や実習内容の決定
　　　①　1年生の場合，全年齢を実習
　　　②　2年生の場合，やや希望に添った固定クラスでの実習
　　　③　3，4年生の場合，通年実習を含む，より深い実習
　4　オリエンテーションを行う。　（3と4は入れ変わる場合もある。）

　実習がスムーズに行くための指導が始まる。多くは園長先生か主任保育士が行う。園長先生や主任は充分準備を行い，園に義務付けられている実習マニュアルに沿って説明する。したがって学生はきちんとメモを取り，実習期間中に数回読み返すくらいに受け止める。
　園では学生の緊張を解くために「優しそう」「親しみやすい」などの雰囲気で指導するが，それに甘えずにきちんと受け止めることが重要である。
　オリエンテーション時，メモをとらない学生への注意をうけた事がある。学生は，「いろいろプリントがあったので……」と言い訳したが，園側ではすべてプリントにあるわけではないのでメモをとってほしいと考えていることも承知してほしい。自分の価値観から重要視しないでしまうことが盲点である。実習中に「オリエンテーションで伝えましたが……」と注意されるようでは好ましくない。初日～数日間はオリエンテーション内容をいかに理解し身につけてきているかが，みられている。

⑤ 実習受け入れクラスチーフや担当者の準備

　日々の保育だけでも大変な中，後輩指導が園に義務付けられているとはいえ，実際に自分が受け入れるとなると受け入れ担当者は相当緊張し，考える。

　覚えてもらう，動いてもらう，園の方針と異なる言動をしないように注意する。

　指導する側も大変な配慮をしなければならない。甘いと実際に職場についてから保育ができないし，厳しいと「自分には保育士は向かない」と判断して退学したり，保育所への勤務はしないということを選択することになる学生がいることを現場はよく知っている。保育所側では責任を感じる事柄である。厳しかったかな，と思った実習生に関しては，その後の様子を心配してしばしば問い合わせをしてくださる園もある。保育士育成の立場にあって，実習生を預かって意欲を失わせてしまうことに責任を重く考えているのである。保育経験が充分にあり余裕のある指導者もいるが，園によっては2年目3年目の職員の場合もある。緊張するのである。その実習担当職員を，主任クラスの保育士がスムーズな実習のための指導を行っているのである。

　そのような事情で，実習園でも充分な準備をして短い期間で良い学びをしてもらおうと真剣であることを学生は知って実習に臨みたい。

　とはいえ，実習指導担当者も数年前には同じ経験をしている。したがって，学生の気持ちも良くわかり，できるだけ楽しい実習をさせてあげたいと思っているので心配しすぎる必要はない。

▶お帰りの前
お帰りの会では，実習指導のベテラン保育士さんといっしょに歌を歌います。

2　実習段階と実習期間の流れ

　ここでは，実習段階と期間の流れを受け入れ施設の側から示そう。実習生と

しての課題も多少含めるがそれは多少にて学んでほしい。
　保育所実習の段階は現在は大きく下記の2段階に分かれている。

　　保育実習　　　　　　　　　　　（800時間）（以下Ⅰ期実習）
　　保育実習Ⅱ（施設実習との選択）　（800時間）（以下Ⅱ期実習）

　保育所の保育士を希望する学生は保育所で2回の実習を行い，施設での実習は1回行う。その他の児童福祉施設への就職を希望する学生は保育所1回と施設で2回の実習を行うことが多い。しかし，すべてで4回の実習を体験することも可能である。養成期間が2年以上の場合は更にその養成機関の姿勢で多くの実習期間や形態（例えば通年実習など）も体験する場合がある。
　ここでは，保育所で2回の実習を行う学生に照準を当てて考えていく。一般的には，①Ⅰ期を観察・参加実習　②Ⅱ期を責任実習を含む，としている。

❶　Ⅰ期実習を受けれる場合の保育所側の状況

　この実習は受け入れ時期により学生の状況が異なる。ボランティアや高校時代に2～3日の実習体験のある人もいるが，ほとんどの学生ははじめての実習である。
　今までは1年生の9月頃の実習生と1年の履修科目を終了した2月頃の実習では学生の様子が大分異なるのでその点の配慮もしていたが，平成19年度からは1年次終了後に保育実習を行うことになったので，施設側も基本科目は学習済みとして受け入れ計画をたてることになる。児童福祉論や保育原理，保育内容総論など基本科目は復習しておくことが必要である。

　施設側がこの実習で学んでほしいことは，
①　保育所全体を知ってほしい
②　全年齢の子どもとふれて6年間の発達の姿を大雑把にでも認識してほしい
③　保育士の子どもとのかかわりをできるだけ深く観察して学んでほしい

④ 子どもとのふれあいを大切にしてほしいが事故を起こさないように指導したい（園庭遊具での遊びの場面の見守りのポイントなど）
⑤ 日誌の書き方のポイント
⑥ 社会人としての態度とは？等である。オリエンテーションの電話のかけ方からすでに学生の姿勢や状況を確認しながら，個別指導計画を立てていく。特にオリエンテーションでは学生の様子を良く見て，要望も取り入れながら，実習内容の計画を行う。

受け入れる保育所では，みな自分たちのはじめての実習を思い出して，楽しく有意義な実習をさせてあげたいという想いと，養成校に対してきちんとした実習効果を示したい，という両方の想いを持っている。

また，実習生が来て指導する職員にも勉強になるので施設では期待している。一般的には観察・参加実習で子どもの前で保育することは少ないが，園によっては部分実習として絵本を読んだりお帰りの会の部分だけするように計画される場合もあるが，それは実習生の能力が高いと評価した場合など，評価された場合であるので，学校でそのようにいわれなかったと不満に受け取らずに自信を持って積極的に行ってほしい。

2 Ⅱ期実習を受け入れる場合の保育所の状況

この段階では学生は保育実習（保育所実習　施設実習）を終了しているし，幼稚園免許取得可能な多くの養成校では幼稚園実習（4週間）を終えている場合が多い。

履修状況も領域保育内容や家族援助論など保育士に必要な科目の4分の3は履修している。したがってⅠ期とは異なり，半年後には保育士として仕事ができるような実習を行うように指導や配慮をする責任を園では感じている。

また，保育所でも自分の園の保育や職員の保育を見られて評価されるという緊張感もある。若い，これからの保育士の新鮮目での意見も，園にとっては大変参考になるので期待している。

園側では，この時期の実習計画を組むために保育実習の体験内容を知りたい

と思っている。オリエンテーションの中で保育実習に関して尋ねられたら，実習の資料に求められていることを認識してきちんと伝えてほしい。

この段階では大体固定したクラスでしっかりと子どもと関わり，責任実習として主体的にカリキュラムを立てての実習を企画する。その場合に2点について熟慮している。

① 幼稚園で幼児の責任実習をしているので，乳児の方が勉強になるのではないか
② 実習生が入るクラスの事情からどこに配属するか。

である。責任実習は2,3才児はむしろ学生としては指導計画を立てにくい（養成校で保育課程論の授業では幼児向きの指導計画案を学ぶことが多い）が，配属先の決定は上記のような理由による場合が多い。オリエンテーション時に理由を添えて希望をはっきり伝えておくこと，そのうえで希望の添わなかった場合もきちんと受け止めることが大切になる。

3 実習評価

保育所としては実習終了後2〜3日以内に実習ノートを受け取ったら，評価をつけて養成校に届ける。ほぼ，1か月以内程度となっている。

実習生にとっては評価は大変気になることであるが，実習園でも学生のいろいろな思いや将来のことなどを考えて，慎重に協議して採点する。また，採点の根拠への客観性も充分に吟味する。実習受け入れ担当者が直接に行うが，園長やクラス担当者，その他栄養士などさまざまな職員の評価を聞いて良心的に採点している。

学生は皆一生懸命取り組むので良い評価をつけてあげたい想いと，保育士になるまでに課題として自己研鑽してほしいことを示すことで本当に役立つ保育士になってもらいたいという「親心」で評価している。その気持ちを理解してほしい。

学生が期待した自己評価より評価が低いと，「評価をつけた実習受け入れ担

当者は殆どいなかった」など不満を述べる学生がいる。しかし，保育所は組織として実習生を受け入れているので，きちんとした報告を受け，検討して採点していることを知り，決して見てない人が適当につけているのではない事を知り，評価の低かった部分は保育士になるまでに力をつけておくことが大切である。

4 期間中のあり方

① 初　期（1～2日）

園の理念や特徴（やり方）を全身で吸収する。頭も心も真っ白にして（こだわりを捨てて）吸収する時期。園側では，実習生の様子や理解度で順序だてて説明する。

② 中　期（3～11日）

園の指導に基づいて自分の考えも含めてどんどん積極的に保育に取り組む時期。早く中期に入ることが重要。この時期は教員の巡回が行われる。厳しい状況にある学生は質問や相談内容をまとめておいて，実習中に訪問する巡回教員に聞くとよい。実習中に普段習っている教員に会うことはなんとも言えずに懐かしく安心するものである。そのためにも巡回教員の訪問時間をきちんととらえ，その時間に園外保育などが組まれていれば在園できるように園の指導者に相談して配慮をしてもらう。特に問題がなくても自分で在園して散歩などに出ずに指導を受ける手配をする。

巡回教員の役割は，実習先に対して謝意を表することと学生本人の状況の確認，問題があれば本人の指導に当たる場合もある。この巡回指導を有効に活用することが重要である。園側はこの時期，実習生による実力差や個性をどうとらえて残りの指導をどのようにしようかと園長以下で話し合っている。

▶初日の実習生
緊張して実習に飛び込んだ実習生もやがては自分なりに子どもと向き合える時を迎える。

③ 後　期（12日〜14日）

　園側では，必要科目としての実習指導を完了しているか確認する。少しきつい指導をうけるのは，実習単位との関係である。そのことを知って，実習生はしっかりとまとめを行う。園の指導に添ってできてない部分の修復を行う。

　良い実習にするためのまとめである。「終わりよければすべて良し」ということわざのとおりで，実習での良い思い出は，就職してからの頑張りにもつながる。園の指導内容を振り返ること。良い実習を展開できている人は謝意をこめて園への「役立ち」を考えてみることも重要である。

③ 実習中に出会いやすい困りごと

　養成校ではたくさんの学生を毎年いろいろな保育園に実習として送り出す。また，保育所では毎年さまざまな養成校から多くの学生を迎え入れる。そこではさまざまなことが繰り広げられている。

　どちらかというと厳しい園やどちらかというと甘い園もあるが，やはり実習のでき不できは本人と園のとの微妙な関係が方向性を決めていく。したがって先輩からのマイナスの表現は聞かないことが重要であるし，また，自分が後輩にもそのような発言は控えることが望ましい。その上で困難に陥りやすいことをあげてみよう。

1　体調が悪くなりかけたとき

　実習がうまくいくかいかないかは体調の良し悪しが大きい。体調が悪くなるとミスも多くなり，観察力も集中力も，忍耐力も思考力も落ちていく。すると注意を受けることになり，それを改善する力も落ちる。体調が悪いことを園が知るまでに関係が悪くなる場合もある。

　まずは，睡眠をしっかりとることである。実習日誌を短時間に切り上げることとも重要である。また，携帯電話やメールなどに時間を取られないこと。この間は友人同士の不義理は後で謝る。実習日誌に2〜3時間以上を掛ける学生が平均的だが，その多くは園からの指導に応えるというより，自己満足の場合

が多く，自分でここまでしないと気がすまないと思っていることが基準になっている場合が多いが，1時間前後で記入できるように工夫したい。自分では一生懸命にしているつもりでも園では，園での指導以上に勝手にしていることはお見通しである。巡回に伺うと「日誌を丁寧に書いているので時間がかかるのでしょう。あそこまでしなくてもいいのですが……」とよく言われる。下書き，清書の手間も丁寧すぎることがある。園の指導範囲にとどめ，修正液を上手に使用し，下書きの手間を省くことである。実習を休むと振り替えをする必要があり，それは学生にとっても園にとっても不都合がいくつかある。休息をしたり医師の診察を受けるなど早めの対応が必要だが，休みが必要な場合は適切に上手に園及び担当教員に伝えよう。

2 職員との人間関係に困難がある場合

内心，職員への批判をしている学生はトラブルが多い。例えば，二人の保育士に別々の指導をされる，細かいと思えることなどを何度も言われるなど，自分の価値観からは理解できないことや納得できない場面があるとすぐに批判的になってこだわり続けるので，急速に関係が悪くなる。しかし，ちょっと見方を変えると，「雨降って地固まる」のように良い関係になることができる。実習生とは「未熟でわからないから何もかも教えていただいている」という立場であることを常に心に留めることが大切である。

保育所でボランティア経験のある人はかえってつまずきやすい。ボランティアでは大体感謝され，ほめられる。その体験の心地よさを期待していくと，実際の実習では全く異なる場合が多い。保育所は養成校から一人前の保育士として仕事が出来る前提として実習を依頼されるので保育所では「自分のところの指導が悪くて就職してから役に立たなければ困る」と責任を感じている。したがって少しでも力をつけてあげようという想いが前面に出て，そう簡単にはほめたり感謝したりすることはないのである。

また，頭では「勉強の途中なので不十分」とわかっていても，叱られた時に，心のどこかにあるプライドが深く傷つく学生がいるようである。本当には自分が「未熟である」との自覚が足りないようだ。何か言われて「カチン」ときた

3 子どもとの関係

　実習後に困ったことのアンケートをとると、子どものけんかの対応や、一度に複数の子どもに「一緒に遊ぼう」といわれたりするとその対応に困るといった内容が多い。しかし、まさにそのことを学ぶための実習なのだから、遠慮なく保育士に聞くことである。園でも「積極性」を評価される。上手に質問して指導を受けることもまた、社会人になるための重要な実習といえる。園の方針も含めて自分が「困る」ことをそのままにしては良い保育になっていない。

▶独楽回しを子どもたちに教わる実習生
実習生が教わるのは、実習指導の保育士だけではない。時には子どもたちからも。

　また、子どもに嫌われているように感じるとき大変落ち込む学生がいる。確かに実習前に子どもの喜ぶ顔を想像していろいろ準備する。精一杯の努力もしている。したがって子どもたちの言葉はとても悲しくて辛い。でも、ここで子どもたちと対等になってしまって、動揺して消極的になっては実習にならない。子どもは自由に思った表現をすることこそ大事で、「思ったことを自由に表現できる」は第三者評価項目でも重要な項目のひとつである。したがって、実習生に対する感想が自由に言えることもまた大切な子どもの生活環境である。子どもからの「きらいだ!!」のことばに涙ぐむようでは、園から「まだまだ……」と思われている。

　しかし、このような場面にいくつか遭遇すると「保育士に向かない」と早々と判断してしまう学生がいる。保育士はそんなに簡単な資格ではないのである。それが国家資格のゆえんでもある。ありのままの自分では相性の良い子どもも悪い子どももいる中で、さまざまな保育技術を駆使して初めてどの子どもとも

良い関係が形成されることを自覚しておこう。

「子どもの目線になって」というが，成熟した大人が子どもの目線を併せ持って初めてそれが良い保育につながる。子どもの言動に情緒の安定を欠くほどに動揺するのは「子どもが子どもを保育している」ためである。空を見上げて，心のバランスを取り戻そう。実習前にすべての子どもに囲まれ慕われる事を想定しすぎると，子どもたちのシビアな目に出あって戸惑う。子どもは正直である。そんな姿を園の実習担当者はきちんと観察して個別実習指導をたてているのである。

4　本当に困ったら

　早めに園の先生に相談しよう。担当者とのトラブルは主任保育士に。場合によっては園長先生に。もっと困ったら，養成校の巡回教員や実習担当の教員に。期間中はそれらの教員との連絡が取れるようになっているはずなのできちんと記録してすぐに連絡が取れるようにしておくことが大切である。

　しかし，そんなに困ることはありません。そんなに苦しいことはありません。だいじょうぶです。

　辛くなったら絵本『だいじょうぶ　だいじょうぶ』(いとうひろし作　講談社)でも開いて読んで御覧なさい。気持ちが楽になります。

（山岸）

第 7 章

保育所実習での
学びのポイント

1　子どもとのかかわり

1　実習をする前に

　実習で子どもとかかわる前に，各年齢における体の発育，運動発達，精神発達などの基礎的な知識を整理・理解しておくことが必要である。たとえば，個人差はあるものの，首がすわるのはいつ頃なのか，人見知りをするのはいつ頃で，なぜ人見知りが起こるのか，一人で歩けるようになるのはいつ頃なのか，初めて言葉を発するのはいつ頃なのか，自分の気持ちを言葉で表現できるようになるのはいつ頃なのか，どのように言葉を獲得していくのか……。実習に行く前に，テキストを見なくても，子どもの心身の発達について基礎的な理解ができているかどうかを確認してみてほしい。なぜなら，子どもの発達をしっかりと理解していることは，子どもへの適切な援助にもつながっていくからである。ぜひ，実習前に，各年齢による子どもの発達の違いをテキストや保育所保

育指針などを読んで確認したり，授業での学びを自分でまとめて直してみよう。

また，事前に，できるだけ保育所にボランティアに行くなど子どもと触れ合う機会をもち，保育所の一日の流れを知るとともに，日頃から子どもを観察し，子どもを理解する力や姿勢（観察する力・子どもの心身の発達を捉える力・子どもの気持ちを読み取る力・傾聴する姿勢など）を養うことも大切である。

２　観察のポイント

以下に実習時における観察のポイントをあげる。とくに，保育所における初めての観察実習の場合は，以下にあげるポイントを頭の片隅に置きつつ，一度にすべてを自己課題とするのではなく，その中から課題をしぼるとよい。たとえば，「子どもの言葉の発達を理解する」というように言葉の発達に視点を置くのもよいし，各年齢に配属された場合は，「各年齢における子どもの運動発達を理解する」というようにしてもよいだろう。

❶　各年齢における子どもの発達を理解する

実習では，机上の学びとは違い，実際の子どもの姿を見ることができる。文献やビデオなどで頭の中で理解していても，実際に子どもを観察してみると，新しい発見に多く出会うだろう。実習を通して，各年齢による子どもの発達を知り，乳児から年長に向けての発達の流れを確認してみよう。発達と言っても，前述したように，精神発達，運動発達などによって観察の視点が変わってくるので，とくに，初めての観察実習の場合は，観察の視点を広げすぎずにある程度しぼってみるとよい。

そして，年齢における保育者のかかわりも観察してみよう。たとえば，2歳児のけんかの場面と5

▶**けんかの場面**
保育所ではよくある場面。保育士がどのようなかかわりかたをするか，観察するチャンスである。

歳児のけんかの場面では保育士の対応は異なることが多い。どのように対応が違うのか，なぜ，そのようなかかわり方をするのかも考えてみよう。

❷ 子どもの「個性」「個人差」の違いを知り，かかわり方を学ぶ

　同じ月齢や年齢であっても，発達には個人差があり，個々の発達のペースは異なるものである。また，同じ親から生まれたきょうだいであっても，発達のペースはもちろんのこと，性格が違うように，保育所に委託されている子どもにはさまざまな「個性」や「個人差」があることに気づくだろう。中には，障がいをもつ子どもや，障がいがあるという診断はされていなくても気になる子どももいる。そして，子どもの「個性」や「個人差」の違いに気づくだけでなく，保育士が子どもの「個性」や「個人差」を尊重しながら，どのように子どもとかかわっているか，どのようなことに配慮しているかということも観察してみよう。

❸ 子どもの言葉に傾聴する（心を傾けて聴く）

　子どもの言葉のやりとりに注意を向けてみると，子どもの観察力や表現力の鋭さに気づくことがある。また，子どもならではの表現に思わずほほえましさを感じるかもしれないし，時には，わざと，実習生に対して，「うるせー」「あんたなんか嫌い」「先生（実習生）とは遊びたくない」などと言ってくることもあるかもしれない。実習に行って，もし，子どもから，「うるせー」「先生（実習生）とは遊びたくない」と言われたら，悲しく感じるであろう。しかし，たとえば，「うるせー」「あんたなんか嫌い」という言葉がなぜ出たのか考えてみると，そういった言葉を使いたい時期であったり，「あんたなんか嫌い」と言った子どもの気持ちの

▶子どものことばに耳を傾ける
「せんせい。あのねー」実習中，子どもが声をかけてくることは多い。

中には,「本当は先生（実習生）とお友達になりたい」という気持ちが隠されていることがある。したがって,子どもの言葉に耳をよく傾けることが大事であると同時に,次にあげる,言葉以外の部分での読み取り（ノンバーバルな部分での読み取り）ができるよう努力してみよう。

4　ノンバーバルな部分での読み取りをする

　子どもを観察する時,バーバル（言語的）な部分での読み取りは大事であるが,それ以上に,ノンバーバル（非言語的）な部分での読み取りが大事である。とくに,低年齢児は自分の気持ちを言葉でうまく表現することができないことが多く,ノンバーバルな部分での読み取りが必要となる。
　ノンバーバルな部分というのは,表情,しぐさなどが当てはまる。たとえば,次の事例からノンバーバルな部分からの気持ちの読み取りを考えてみよう。

> **事例1**
>
> 一つしかないボールをAちゃんが使っていた。その時に,Bちゃんが,「ボール,貸して！」と言ってきた。Aちゃんは,言葉では何も答えなかったが,けわしい顔をしてボールを持っている手にぎゅっと力が入った。

　この事例では,Aちゃんは,言葉では何も答えていない。だが,けわしい顔になった表情と,ボールを持っている手にぎゅっと力が入ったというしぐさから,「貸したくない」「嫌だ」という気持ちを読み取ることができる。
　この時,近くにいる保育士はどのような援助をするだろうか。ある保育士は,何も言わなかったAちゃんの気持ちを「Aちゃんは,まだボールを使いたいのね」と代弁するかもしれない。また,他の保育士は,「Bちゃん,Aちゃんはまだボールを使いたいんだって。だから,ブランコに乗って待ってよう」と,Bちゃんを違う遊びに誘うかもしれない。子どもの年齢や状況理解の程度によっても,保育者の援助は違ってくるので,どのような援助をしているか観察してみよう。

5 子どもの興味・関心を知る

　年齢によって，興味・関心の示し方が異なり，年齢とともにその領域も広がっていく。私たち大人にとっては興味・関心のわかない対象であっても，子どもにとっては興味・関心の中心になることが多い。その子どもが何に興味・関心を示しているのかを知ることは，子どもの気持ちを理解することにもつながると同時に，子どもとのかかわりのきっかけになることも多い。

6 基本的生活習慣の獲得と援助方法を理解する

　一日の大半を保育所で過ごす子どもにとって，基本的生活習慣（食事・排泄・着脱衣・睡眠・清潔）は，家庭ばかりでなく，保育所でも身につけていくようになる。年齢によって，昼寝（旧午睡）の時間や回数が異なり，食事・排泄・着脱衣・清潔などに対する保育士の援助も異なる。多くの保育士は，子どもが「自分でやりたい」という気持ちと個人差を尊重しながら，すべてを手伝うのではなく，できないところを援助していることだろう。限られた実習期間の中で，基本的生活習慣がどのように獲得されていくのかを理解することは難しいかと思うが，保育士がどのような声かけをし，どのように援助しているのかをよく観察してほしい。

▶じぶんでできるもん
子どもが自分でしようという気持ちをたいせつにして，子どもを見守ることも援助の一つ。

3　かかわり方のポイント

　初めての実習の場合には，どのように子どもとかかわればよいのかとまどう実習生もいるかもしれない。そのような場合には，まず，子どもの遊びを見守るところから始めてみよう。子どもの生活の中心は遊びであり，子どもは遊びを通して多くのことを感じ，学んでいることに気づくだろう。その遊びを見守

っていると，周囲との関係性の中で子どもの姿が見えてきたり，保育士の援助や役割が見えてくることと思う。そのようなことに気づくことも，楽しく子どもとかかわることができる一歩になる。また，すでに子どもと何度もかかわった経験のある実習生は，以下のことに留意しながら，子どもと楽しくかかわってほしい。

1　子どもを見守る

　子どもが遊んでいる時，「こうすればよいのに……」と口出しをしたくなったり，うまくボタンがはめられない子どもにすぐに手を貸したくなったりするかもしれないが，まず，見守ることが大切である。

　見守っていると，子どもたちがどのような遊びに興味・関心をもっているのかが自然と理解でき，「自分でやりたい」という子どもの意欲や好奇心を尊重することができる。また，年長になるにしたがい，子ども同士で解決できることが多くなっていくこともわかるだろう。しかし，危険を伴う遊びや，危険が予測される場合は例外であり，止めに入ることが必要である。

2　特定の子どもと遊ばない

　実習生に対して，子どもは，「先生，一緒に遊ぼう」と声をかけてくることが多い。そして，中には，他の子どもと話していると，「一緒に行こう」と強引に実習生の手を引っ張っていく子どももいる。概して，実習生は，声をかけてきた子どもと遊ぶことが多くなりやすいが，特定の子どもとだけ遊ぶのではなく，意識してできるだけ多くの子どもたちと遊ぶようにしたいものである。

▶**はじめのいーっぽ**
たくさんの子どもとできるだけかかわるように心がけよう。

❸ 子どもと安易な約束はしない

　子どもは，実習生の言ったことを信じて，期待していることが多い。たとえば，子どもが，「明日，ぼくの家に遊びに来てね」と言った時，「うん，遊びに行くね」と安易に約束しないようにする。子どもは，明日遊びに来てくれるものだと本気にし，期待してしまうからである。子どもの世界には，大人の世界のような社交辞令は通用しない。子どもは，その期待が裏切られたことに傷つき，実習生に対して失望し，実習生は信頼を失うことになりかねない。したがって，実行できそうにない約束はしないように気をつけよう。

❹ 障がいをもつ子どもとかかわる時は，
　　　事前に障がいの状況や留意点を確認しておく

　配属されたクラスの中に，ダウン症，自閉症，アスペルガー症候群，ADHDなどの障がいをもつ子どもがいるかもしれない。それぞれの障がいについては授業の中で学んでいるかもしれないが，子どもによって，障がいの程度が異なり，いくつかの障がいをあわせもっていることもあるので，担任の保育士からかかわる際の留意点を事前に聞いておくことが必要である。健常児にとっては何でもない音や光が刺激になって，パニックを起こすこともある。最初から一緒に遊ぶことはなかなか難しいことが多いので，あせらず，無理をせずにかかわることが大事である。

　保育士は，障がいの特性を理解し，その子どもができるだけ保育所での生活に適応しやすいように，かかわり方はもちろん，保育環境にも配慮しているので，そのあたりも観察できるとよい。また，集団の中での他の子どもたちと共に育ちあう姿を観察してみよう。

❺ 外国人の子どもには文化や習慣の違いを配慮しつつも，
　　　日本の子どもと区別なくかかわる

　近年は，保育所に外国人の子どもが入所するケースが増えている。たとえば，イスラム圏から来ている子どもは，豚肉など宗教上の理由から食せないものがあるために，栄養士もそれに代わるものを調理して出すなどの配慮をしている。

言葉の問題，文化や習慣の違いがあることは当然であるが，それらに配慮しつつも，なるべく他の子どもと区別することなくかかわるようにする。日本語に不自由さがある場合は，その子どもの国の言葉で簡単なあいさつができるように，実習生も努力してみるとよい。

2　保護者対応

1　さまざまな保護者

　子ども一人一人にも個性があるように，保護者にもいろいろな個性や考え方がある。今，保育の現場では，保護者への対応の難しさを感じている保育士が少なくない。
　保護者の中には，自分の価値観や欲求を優先してしまう，親準備性のないまま親となり子どもとどうかかわってよいのかわからない，家族に病人がいてその看病で疲れきっている，経済的に苦慮している，自分の病気と戦いながら子育てをしているなど実にさまざまな状況があり，保育士は，それぞれの保護者の置かれている状況や気持ちを理解しつつ，援助するように努力している。

2　観察のポイント

　保護者を観察するというよりも，保育士がどのように保護者とかかわっているかを観察してみよう。

❶ 登園・降園時のかかわり
　保育士は，さまざまな保護者の置かれている状況に配慮しながら，保護者とのかかわりをもっている。しかし，最初から保護者と

▶登園風景
朝は必ず登園してくる親子を入口のところで迎える。

信頼関係があるわけではない。保育士は、まず、保護者との信頼関係が築けるように努力している。それは、登園・降園時の笑顔でのあいさつや声かけから始まり、連絡帳を通して、あるいは、園行事などを通して少しずつ築かれていくものである。とくに、登園・降園時は短い時間ではあるが、どのように保育士が保護者に声かけをしているか、その時の表情（笑顔）などにも注意してみよう。

> **●事例2** 筆者の登園時・降園時の経験より
>
> 　1歳10か月で保育所に入所した娘は、初めの頃、登園を嫌がり、片道5分で登園できる道のりを私（筆者）は泣いて嫌がる娘をなだめながら30分以上かけながら登園していた。毎朝、大泣きする娘の姿に、「娘は、保育所になじめるのだろうか…」「娘がこんなに登園を嫌がっているのに、私は仕事をこのまま続けてもいいのだろうか…」などと、毎日のように不安な気持ちや自分自身を責める言葉が脳裏をよぎった。そのような私の気持ちを察したのか、担任の保育士が、「お母さん、大丈夫ですよ。お母さんがお仕事に行っている間、しっかりお預かりしていますから。あと1か月もすれば、Aちゃんも慣れますから大丈夫。さあ、安心して行ってらっしゃい」と、毎朝、笑顔で送り出してくれた。私は、担任の保育士にそう言われても、娘が私と離れるのが嫌で大泣きしている姿に後ろ髪を引かれる思いで、涙をこらえながら出勤したことを覚えている。しかし、毎朝、担任の保育士にポンと背中を押されるように、「お母さん、大丈夫ですよ。今日もしっかりお預かりしますから。行ってらっしゃい」と声をかけてもらい、その言葉に支えられながら出勤した。次第に、娘も、保育所の生活に慣れ、登園時にもスムーズに私と離れることができるようになった。また、降園時には、担任の保育士や担任以外の職員の方にも、「お帰りなさい」と声をかけてもらい、保育所に一歩足を踏み入れると、まるで自分の家に帰ってきたようにほっとすることができた。そして、短い時間ではあったが、その日の娘の様子を話してもらい、安心することができた。
>
> 　私は2人の子どもを保育所に委託したが、娘も息子も、そして、私も、保育所で素晴らしい保育士に出会え、親子ともに育てていただいたという思いがある。卒園してから10年以上が経過しているが、子ども達の胸の中には当時の保育士の心のあたたかさが今でも深く刻まれており、私も今日まで仕事を続けることができたのは保育士や職員の皆さんに支えられたお蔭だと心から感謝している。

2　連絡帳を通してのかかわり

　保育士は、子どもが昼寝している時間などを利用して、家庭への連絡帳の記

載をする。とくに，乳児クラスの場合は，きめ細かな家庭との連絡が大切であり，連絡帳には，その日の子どもの様子はもちろん，食事や排泄の状態なども記載される。年長になるにしたがって，連絡帳の提出がない家庭が出てくるが，登園・降園時に担任の保育士と顔をなかなか会わせられない保護者にとっては，連絡帳のやりとりによって，保育所や家庭での子どもの様子を両者で理解しあい，両者の信頼関係につながることが多い。

つまり，連絡張も，保護者と保育所をつなぐ大事なパイプであるということができる。可能であれば，連絡張のやりとりも見せていただくとよい。（保育所によっては，連絡帳の記載内容は個人情報ということで見せていただけない場合もあるので，無理強いはせずに園の指示に従うこと）

3 保護者への伝え方

保護者へ直接声かけをする場合も連絡帳に記載する場合も，保育士はそれぞれの保護者の置かれている状況を配慮している。どのように，伝えているかを観察してみよう。たとえば，子どもの様子を伝えるだけでなく，子どもの家族を気遣う声かけをしたり，伝染性の病気がはやっている時にはそれを伝えたりしていることもある。

●事例 3

保育士は，親の介護をしている母親に対して，園での子どもの様子を伝えるだけでなく，「お母さん，おばあちゃんの具合はいかがですか？寒くなってきたので，お母さんも風邪をひかないように気をつけてくださいね」と，母親を気遣う声かけをした。声をかけられた母親は，保育士が子どもばかりでなく，自分（母親）のことも気遣ってくれていることを感じ，心身ともに疲れていたが，保育士の言葉から元気をもらい，励まされたと話していた。

3　観察をする時の留意点

1 実習生は勝手に保護者とかかわらない・助言しない

実習生はまだ保育士ではなく，勝手に保護者とかかわってはいけない。まし

て、保護者に助言してはいけない。自分の言動に責任のもてる立場ではないからである。時々、保護者の方から、「これはどうなのでしょうか？」と実習生に質問されることがあるが、その場合には、「申し訳ありません。私は実習生のためわかりかねますので、担任の先生に聞いていただけますでしょうか」と話し、保育所の保育士に直接聞いていただくようにする。

▶保護者への声かけ
保育士がどのように保護者に声をかけているか注意をして観察してみよう。

2 守秘義務を守る

実習中は、保育所の中でいろいろなことを見聞きすることになる。保育所の中で見聞きしたことは、絶対に他言してはいけない。自分の家族に対してもである。たとえば、「今日ね、保育所にAちゃんのおばあちゃんが来て、Aちゃんの両親が離婚するかもしれないって担任の先生に相談してた」と家族に話したところ、後日、実習生の母親が、知人に、「最近は離婚が多いのかしらね。うちの娘の実習先でも、子どもの母親が離婚するかもしれないって、おばあちゃんが来て先生に相談していたそうよ」と何気なく話してしまうこともある。また、実習の帰りに、他の実習生と一緒になり、電車の中で、「今日、サクラ組のBちゃんがCちゃんのことを噛んで、Cちゃんが大泣きしたのよ」と話した時に、たまたま、同じ電車に実習園の保護者が乗り合わせていることもある。悪気はなかったかもしれないが、どのような形で個人の情報が漏れるかはわからない。したがって、実習園で見聞きしたことは、絶対に他言しないということ、実習生にも守秘義務があるということを忘れてはならない。

> **守秘義務**
>
> 平成13年11月に保育士の国家資格が制定されたことに伴い，児童福祉法の一部を改正する法律（平成13年11月30日公布）の第1章総則第6節「保育士」の第18条の22に，「保育士は，正当な理由が無く，その業務に関して知り得た人の秘密を漏らしてはならない。保育士でなくなった後においても，同様とする」と明記されている。

❸ 批判的な視点でみない

時々，保護者や保育士の姿勢を批判する実習生がいるが，短い実習期間の一部分を見て批判的に捉えるのは避けたいものである。批判的な視点で見てしまうと，すべてがマイナスに感じられてしまい，よい実習ができなくなる。どうしても気になる場合には，実習担当の先生に相談してみよう。

3 地域の子育て支援

1 子育て支援の目的と課題

平成6年に，「今後の子育て支援のための施策の基本的方向について」（エンゼルプラン）が策定され，子育て支援対策の強化がクローズアップされてきた。エンゼルプランでは，子どもをもちたい人が子どもを生み育てることができるような環境の整備，家庭における子育てを支援するために社会のあらゆる構成メンバーが協力していくシステムの構築，子どもの利益が最大限尊重される配慮，子育てと仕事の両立支援の推進，家庭における子育て支援などがうたわれている。

その後も，平成11年に，「重点的に推進すべき少子化対策の具体的実施計画について」（新エンゼルプラン），平成15年に，「次世代育成支援対策推進法」が策定され，さらに，子育て支援サービスの充実（低年齢児受け入れ枠の拡大，延長保育・一時保育等の推進，地域子育て支援センターの増設など）を目指してきた。しかし，いろいろな保育関連事業が増えてはきているものの，待機児

童の問題や，周囲に相談できる相手がいない状況で子育てをしている母親などへの援助の問題など子育て支援サービスが十分に機能しているとは言えない状況があり，今後の課題となっている。中でも，フルタイムで働いている女性，パートタイムで働いている女性，専業主婦において，子育ての負担感や自信がないと感じているのは専業主婦層に多く，その中には近くに相談相手のいない人もおり，その点でも，今後，ますます，保育所が地域の子育て支援の場として果たす役割は大きいと思われる。

子育て支援の意義をひとことで言うことは難しいが，① 社会全体でそれぞれの子育て家庭を支援する，② 親子の自立を援助する，③ 親が自信をもって子育てしやすいように援助していくことと言えるのではないだろうか。

保育所は地域の子育て支援の大きな役割を担っているので，どのように支援しているのかを観察してみるとよい。

2 地域のニーズ（地域性）を考えた支援

子育て支援を行う時に，地域性を考慮しながら進めていく必要がある。地域によって，利用者のニーズが異なる場合が多いからである。たとえば，大都市なのか，地方なのか，核家族の多い地域なのか，祖父母と生活している人が多い地域なのか，若い世代が多い地域なのか，共稼ぎが多い地域なのかなどによっても，それぞれのニーズが変わってくる。自分の住む地域や，実習園がどのような地域性の中にあるか，どのようなニーズがあるかを考えてみよう。

3 保育所が果たす地域での役割

地域子育て支援事業として，保育所でも以下のような事業を実施しているところが多い。実習園が該当している場合には，可能であれば観察させていただき，保育所が果たしている子育て支援の役割を学ぶとよい。

❶ つどいの広場

「子育てふれあい広場」「○○の広場」など名称はさまざまであるが，保育所内に，地域の親子が自由に利用できるスペースが置かれているところもある。

そこでは，開設時間内であれば，親子は自由に遊んだり，持ってきたお弁当を広げながら他の親子と交流を深めたり，情報交換することもできる。さらに，定期的に，絵本や紙芝居の時間を設けたり，簡単な手遊びや体操の時間を設けているところもあり，それを楽しみに訪れる親子もいる。

また，保育所内にそのようなスペースがない場合でも，ほとんどの園が，「園庭開放（または園庭交流）」を実施し，地域の親子に開放している。さらに，月に1回，身体計測を実施しているところもあり，それを利用する親子も多い。子育ての相談をすることもできる。

2 一時保育

保護者などが一時的，あるいは，緊急に保育できなくなった時に預かる制度である。自治体や園によっても，利用の条件が多少異なるが，一時保育を利用できるのは，①保護者のパート就労，就学などにより継続的に家庭保育ができない場合，②保護者の病気，出産，介護，冠婚葬祭などで家庭での保育が一時的に困難な場合，③保護者の育児に伴う心身の負担を軽減するリフレッシュやボランティア活動，学校行事など私的理由がある場合などである。

3 特定保育

短時間勤務や隔日勤務などで，週2～3日程度就労する場合に，定期的に保育所で預かる制度である。
（※一時保育も特定保育も，自治体や園によって1か月に利用できる時間数が決められている。）

4 子育て相談

在園している子どもの保護者だけでなく，地域の保護者に対しても子育て相談を実施している。子育て相談の内容は，子どもとのかかわり方がわからない，友達と遊べない，おむつがとれない，食事の好き嫌いが激しい，朝早く起きられない，育児に疲れてしまっているなどさまざまである。園によっては，相談の担当者を決めているところもあるが，相談の内容によって，保育士だけでな

く，看護士・栄養士が相談に対応することもある。相談は，相談者が保育所に訪れて行う来所相談と，電話相談がある。

5 育児講座

定期的に育児講座を実施し，在園児の保護者はもちろん，在園していない地域の保護者を対象に，子どもの心身の発達について，乳幼児の遊びについて，食育についてなどの講座を設けているところもある。

4 職員の姿勢から学ぶこと

1 職員の構成と役割（職務内容）を知る

保育所には，園長・主任保育士・保育士・看護士・栄養士・調理員・用務員・園医，パートの職員などいろいろな職員が勤務している。それぞれに専門の役割があり，できれば，オリエンテーションの時に職員の構成や役割について確認しておくとよい。

2 職員の姿勢から何を学ぶか
　　　　－社会人・保育士としての姿勢－

実習前に，職員の人たちとうまくやっていかれるだろうかと不安になる実習生は多い。保育所で働く園長・主任保育士・保育士たちも皆さんと同じような実習生の時期があり，当時は同じような不安をいだいたかもしれないし，現在も職場に苦手なタイプの人がいることもあるかもしれない。しかし，保育は職員のチームワークが大切であり，保育所内の人間関係は大事である。そのために，職員同士も，コミュニケーションの基本であるあいさつを大切にしながら，社会人としてお互いの立場を尊重しながら接していることであろう。

また，子どもとのかかわりや保護者とのかかわりにおいても，人間関係を築く第一歩となるあいさつを大切にしながら，子どもや保護者の気持ち，個性，

置かれている状況などを受け止めながら接している姿がみられることと思う。
　実習生にとって、そのような職員の姿勢に触れることは、一人の人間として、あるいは、将来、保育者をめざす自分自身の人間性を問い直してみるよい機会になるのではないだろうか。たとえば、人間関係を築く第一歩であるあいさつがいつもできているだろうか、言葉づかいは適切だろうか、相手に対して自分の考えや価値観ばかりを優先していないだろうかなど、さまざまな角度から問い直してみてほしい。
　よく、子どものありのままの姿を受容することが大事である、子どもの目線に立つことが大事であるなどと言われるが、その意味の中には、自分の中にある先入観や既成概念などを取り払うことが必要であるということが含まれている。それは、なかなか実行するのが難しいことも事実である。しかし、先入観や既成概念をもったままでは、ありのままの子どもの姿を受容することはできないし、保護者に対しても適切な対応ができないことにもなる。したがって、常に柔軟な心と向上心をもち、時には「自己変革」していくことも大切である。
　子どもは大人の言動をよく見ており、そこからいろいろなことを感じとっていく。子どもとのかかわりばかりでなく、保護者や職員との円滑な人間関係を築くためにも、日頃から常識的な考えやマナーを身につけるよう努力してみよう。
　さらに、「自分自身をよく知る」ことも必要である。そして、自分の長所や短所を含めて「自分を好きになる」ことも大切である。人は、どうしても長所よりも短所に目がいきがちになり、自己評価が低くなったり、他人と比較をして心のゆとりを失ったりしがちである。だが、心にゆとりがないと、ありのままの子どもや保護者を受容することは難しい。同時に、子どもや保護者からのサインを見落としてしまうこともある。したがって、実習を通して、社会人としての職員や保育士の姿勢や役割から、自分自身を見つめ直してみよう。そして、コミュニケーションの基本ともなる「傾聴する力」「適切な自己表現をする力」「かかわる力」を養うと同時に、ぜひ、自分の短所ばかりでなく、むしろ、長所に目を向け、自己肯定感をもって保育者への道に進めるよう努力していってほしい。
　　　　　　　　　　　　　　　　　　　　　　　　　　　　　　（井戸）

第 8 章

実習の振り返りを役立てる

1　実習の整理

1　実習を整理することの必要性

　約2週間の保育所実習を，大きなトラブルもなく終えた実習生の多くは，緊張から解き放たれ，ほっとしているというのが正直なところだと思う。特に，その実習が，養成校における初めての実習であった場合，その思いはさらに強いものであろう。もちろん，実習生がこのような感情を持つことは当然のことで，非難されるべきものではない。なぜなら，ほっとする思いが強いということは見方を変えれば，それだけ実習生が実習に真摯に取り組んでいた証，と考えられるからである。

　しかし，実習における学びは実習最終日に完了するものではない。実習終了後に保育現場での学びを整理し，養成校内での学びと関連，発展させていくことが極めて重要なのである。具体的には，以下の作業が必要となる。

> ① 養成校での学びを実習によって再確認する。
> ② 養成校での学びと実習での学びのズレ(養成校で学んだこととのズレ)を確認し,そのズレがどのような要因によってもたらされたのか考える。

　まず①についてであるが,実習の事前指導は言うに及ばず,実習に参加する前に受けたすべての授業が,何らかの形で実習と関連していることを強く意識することが重要である。それぞれの授業で学んだ知識や技術,あるいは態度や姿勢について,実際の保育現場でどのような形で見る(知る)ことができたか追認し,養成校での学びを深めることが大事である。

　養成校における授業はさまざまな工夫によって,できる限り実際の保育(たとえば子どもの姿は総合的なものとして捉えることなど)を意識したものになっていると思う。しかし,教科目の種類によっては,子どもや保育者の姿に関する説明が抽象的なものや,断片的なものにならざるを得ないものもある。そのような科目については特に,授業で得た抽象度の高い知識に,実習体験を頼りにしながら具体性をもった知識(保育実践と密接に結びついた知識)を加え,より確実な理解にしていくことが重要である。

　②については,実習生にとって,にわかには理解しがたいことかもしれない。なぜなら,養成校で学んだ内容は,そのまま保育現場に持ちこんで使えて当たり前と思っている実習生は少なくないからである。極端な場合,「養成校で習った内容は現場では使えない」「養成校では間違ったことを教えている」という類の発言をする学生すらいる。

　誤解を恐れずに言えば,養成校での学びが,そのまま現場で使えないケースは珍しいことではない。例えば,子どもの発達過程について,養成校で十分学んでいたにもかかわらず,実習で対応した子どもの発達の状況は,すでに学んだ知識とズレている(思っていたよりも幼い,あるいは思っていたよりも発達が進んでいるなど)ケース。例えば,養成校で習った通りに指導計画を作成したところ,実習中に全面書き直しを指導保育士から命じられたケース。これらは,養成校内での実習反省会でよく聞く話である。

ではなぜ、このようなことが起こるのか。その理由は、保育という営みの本質を考えると見えてくる。まず、現代の保育の基本に立ち返ってみよう。子どもの実態を的確に把握し、その実態に併せてねらいを設定し、計画的に環境構成し、実践の後に評価するという流れが保育の基本である。つまり、子どもの実態把握が十分になされていなければ、保育は先に進まないのである。それほど子どもの実態把握は重要なのだが、保育の場における実際の子どもの発達状況には個人差がある。

保育所保育指針には各発達過程別に、発達の特徴が示されているが、これはあくまでも標準値と捉えるべきもので、すべての子どもが同一の発達状況であることはない。また、子どもの興味や意欲も毎日同一、ということはない。子どもの実態が子ども一人一人によって異なる部分があるとすれば、保育士の援助（指導計画作成、責任実習の実施などを含む）も同一

▶先生のぼれたよ
子どもたちの発達には個人差がある。この点を理解しつつ、子どもの成長を見届けたい。

でないことは必然である。一人一人の状況に即して、臨機に対応することが求められるのである。むろんこれは標準値（発達の一般的傾向の理解）を否定するものではない。実習事前に発達の標準値を理解することで、個々の子どもの発達のズレの「程度」を知ることができる。些細なズレなのか、大幅なズレなのかを知ることによって適切な対応（大幅なズレの場合、専門機関との連携をとるなど）をとることが可能になるからである。

それゆえ、養成校での学びと実習での気づきがズレた場合、「養成校での学習内容と実習園での学びのどちらが正しいか」という問いの設定は生産的とは言えない。実習園における自らの理解が、養成校での学びとなぜズレたのか、考えることが意味を持つのである。例えば、2月に行われる保育所実習で3歳児クラスに配属された学生が、3歳児の発達について十分な事前学習ができて

いたにもかかわらず，自分が想像したよりも成長が進んでいると感じたケースをあげてみよう。2月という時期を考えれば，多くの子どもは3歳児クラスとはいえすでに4歳になっている。そのことが，すでに学んだ標準値としての知識とのズレの要因の一つではないか，と考えることができる。

2　実習日誌の活用　− 実習日誌が果たす役割 −

　実習生から，「実習日誌さえなければ実習は楽しいのに」という声を聞くことは珍しくない。それほど日々の保育活動で心身ともに疲れているところに，毎日日誌を書くという作業が加わることは，実習生にとってハードなものなのだろう。しかし，実習の種類を問わず，実習日誌を必要としない実習はほぼ皆無と言って良い。なぜ実習日誌はなくならないのだろうか。理由として以下の2点が考えられる。

① 実習中，指導保育士から指導を受ける際の材料となる。
② 実習終了後，実習生自身が実習内容を整理，省察する際の材料となる。

　まず，①については，説明は最小限ですむだろう。実習生を指導する保育士は，実習期間中実習生につきっきりでいることはできない。日常の保育活動を行いながら実習生に指導，助言することが一般的である。それゆえ，実習日誌に日々の保育の記録が明確に書かれていることは，指導保育士が実習生への適切な指導をする上で不可欠なのである。
　実習日誌が果たす②の役割は，実習期間中の学びを整理する上で非常に重要なものである。養成校の方針などによっていろいろなタイプの実習日誌が存在するが，標準的な実習日誌に含まれる項目としては，① 実習のねらい（テーマ），② オリエンテーションの内容，③ 日録（毎日の保育の記録），④ 指導計画，⑤ 反省会の記録，⑥ 総合所感，などがあげられる。これらはすべて重要な項目であるが，実習を整理するという観点から見ると，以下の項目は特に注意深く振り返りたい。

①実習のねらいが実習期間中に達成できたかチェックする。
③日録から日々の保育実践を振り返り，学びの内容を確認し，自己課題を明確にする。
⑤⑥実習園での反省会で，指導保育士から受けた指導内容を確認し，実習全体（養成校における事前指導を含む）を通しての学習内容をチェックする。

3　実習日誌の活用　－「書く」行為がもたらすもの－

　実習期間中実習生はさまざまなことを学ぶ。しかし，記録をとらず，ただ漫然と保育実践を行うだけでは時間が経つにつれ，学びの内容はあいまいになりがちである。また，誤った理解のまま実習を終える危険性も否定できない。記録を「書く」という行為は，自らの実践を第三者的視点で見直すことに繋がる。保育はその行為自体に"日常性"を多く含むものである。また，ルーティーンワークも多い。人は毎日似た行為を繰り返し行うことに慣れてしまうと，劇的に印象に残る出来事があった場合を除いて，日々の出来事の記憶が薄れるものである。日常性を多く含む保育実践は，保育士の頭を眠らせる（思考停止してしまう）ことに繋がりやすいのである。このような状態では，保育士が子どもの心情のわずかな変化を見落としてしまっても不思議ではない。

　保育は保育所における日常的な生活を通して，さまざまな働きかけを行う行為である。とすれば，保育士は，第三者から見れば日常生活における単なる遊び，単なる子どもの世話にしか見えない行為に対してもアンテナをはり，意味づけをすることが大事である。実習日誌を「書く」行為は毎日の

▶保育記録を書く保育士
記録を書いている保育士。忙しい保育士が記録をつける時間は，意外と少ないが，記録はより良い保育実践に大きく貢献する。

保育実践に対して実習生が自覚的になる（意識を眠らせることがなくなる・思考停止しなくなる）ことにも貢献するのである。

4　養成校内での反省会

　ほとんどの養成校では，保育所実習終了後，実習の反省会が行われる。その形は，指導教員による個別面談，グループディスカッションによる学生同士の意見交換などさまざまだろうが，保育所実習終了後に反省会を行うことは実習経験を整理する上で非常に重要である。理由は以下の二点である。

　理由の第一は，自らの実習体験を多様な視点から見つめ直すことができる，という点である。養成校の指導教員からの助言，共に実習を経験した仲間の学生からのアドバイスは，自らの学びをより深めたり，場合によっては修正したりすることを可能にする。保育実践は自らの主観によってその場での行為の適切性が判断されることが珍しくない。そのため，判断の妥当性を検討する上で，できるだけ多くの意見を聞くことが不可欠なのである。もちろん，指導教員であれ，仲間の学生であれ，これらの人たちの意見も主観を中心にしたものである。しかし，多くの主観をつき合わせることによって，判断の妥当性の検討がより客観的判断に基づいたものに近づく（相互主観的客観性）と考えられるのである。

　第二の理由は，実習先の保育所によって保育内容や指導保育士の指導方法に違いがあることを知ることができる，という点である。個々の保育所には，園の保育方針，園の規模（園児数，園舎・園庭の広さなど），地域性（住宅地にあるか，山間部にあるかなど），利用者のニーズ，などによってそれぞれ個性（特徴）がある。そして，このことは当然，実習生への指導の方法にもあてはまる。養成校内で実習の反省会を行っていると，しばしば「実習で嫌な思いをしたから保育士にはなりたくない。」という学生の発言を聞く。そして，実際に保育士になることを断念する学生もいる。自分が実習を行った保育所＝他のすべての保育所，という捉え方をしてしまうと，実習で充実感や満足感を得られなかった場合，即，進路の変更ということにもなりかねないのである。ところが，前述したように，保育所にはそれぞれ個性がある。それゆえ，他の保育所での

実習がどのようなものであったのか，周囲から情報を得ることは，保育所実習そのものを俯瞰し，自分の実習経験を標準化することに役立つのである。

２　振り返り

１　保育において「振り返る」ことがもつ意味

　他の専門職（医師・パイロット・職人など）の仕事内容に比べ，はるかに日常性が高い（家庭で親が子どもに対して行う行為と表面的には似た部分が多い）行為を行う保育士の専門性について語るときに，一人一人の保育士が日々の保育実践に対して自覚的になり，自らの実践を省察する習慣をつけることは重要である。なぜなら，何気なく毎日行っている保育行為について「振り返る」ことが保育士の専門性に繋がる，と考えられるからである。この考え方について，ドナルド・ショーンの理論を用いながら佐藤学によって説明された，教職の専門性について説明は示唆的である。その一部を以下に紹介する。

　「教職を，複雑な文脈で複合的な問題解決を行う文化的・社会的実践の領域ととらえ，その専門的力量を，問題状況に主体的に関与して子どもとの生きた関係を取り結び，省察と熟考により問題を表象し解決策を選択し判断する実践的見識（practical wisdom）に求める」（佐藤学，1997）

　「教育実践は，政治的，倫理的な価値の実現と喪失を含む文化的社会的実践であり，教師は経験の反省を基礎として子どもの価値ある経験の創出に向かう『反省的実践家（reflective practitioner）』であり，その専門的成長は，複雑な状況における問題解決過程で形成される『実践的認識（practical epistemology）』の発達で性格づけられる。」（佐藤学，1997）

　これらの指摘は，教職の専門性に焦点を当ててなされたものだが，内容的には保育士（のみならず，いわゆる対人援助職と呼ばれる職業も広く含まれるだろう）の職務内容にも十分当てはまるものと思われる。とくに「子どもとの生きた関係」「省察と熟考により問題を表象し解決策を選択し判断する」「経験の反省を基礎として子どもの価値ある経験の創出に向かう」などの指摘は，とか

く曖昧なものされる、保育士の専門性を考える上で大いに参考になる。

　保育は、「養護と教育の一体性」という特徴を持ち、ねらいの達成を目指して、遊びや生活を通して子どもとかかわることを基本的姿勢としている。この姿勢は、第三者から見た場合、子ども好きならば誰でもできる仕事、あるいは専門性が見えにくい仕事と思われる可能性を否定できない。言い換えれば、保育行為は、家庭で保護者（素人）が行っていることを代替しているにすぎない、と理解されることが少なくないのである。

　では、保育士の専門性を明確にするために、その職務内容を家庭での子育てと明確に分離し、他の専門職のように、素人には全く手が出せない領域の仕事とすればよいのだろうか。答えは否である。児童の権利に関する条約にも規定されているように、児童の養育に関して第一次的責任を負うのは保護者である。とすれば、家庭での子育ての延長線上に保育所保育がある、また保育所保育は家庭の子育てと連携を取りながら行う、という考えは当然支持されなければならない。

▶昼寝の時間
保育所の日常は家庭の延長である。自宅と同じように生活ができるように、保護者と保育士の協力が必要である。

　さて、保育所保育が家庭での子育て行為と切り離すことができないとすれば、その枠の中で保育士の専門性を考えていかなければならない。その際、佐藤が指摘しているようなアプローチ（子どもとの生きた関係を重視、省察と熟考をもとに行われる判断）は保育士の専門性を明確にするときの一助となる。家庭での子育ての場合、一つ一つの子育て行為に対して保護者が意識的に振り返り行為を行う（省察、熟考を日常的に行う）ことは少ない。極端な話をすれば、家庭で保護者が指導計画を作成して子育てを行うことは、ほとんど皆無といってもよい。このように考えてくると、保育士の専門性とは、家庭ではほとんどの場合ルーティーンワークとして行われている行為について、意識的に常に振

り返り（反省し），各々の状況に最も適した対応がとれること，とまとめることができる。

　もちろん，この対応は簡単にできるものではない。なぜなら，省察，反省，熟考といった振り返り行為は一般的には，じっくり腰を据えて行う行為だからである。言い換えれば，保育士が当事者として保育実践にかかわりながら同時に行うには大きな困難を伴う行為なのである。実習生の場合，保育士に比べ，（特に観察に重点を置いた実習では）比較的振り返りの機会を余裕を持って持つことができるかもしれない。しかし，保育士として現場に立ったときには，当事者として保育にかかわりながら，いかにすれば振り返りの機会を作れるか，考えなければならない。家庭での子育て行為と重なる部分の多い保育実践を専門職として行うためには，「振り返り」行為が不可欠な要素だからである。

2　自己評価 －省　察－

　ここではまず，ある学生（4年制大学，2年次2月に10日間参加観察を中心に実習を行った学生）が実習終了後に書いた総合所感を紹介したい。

● 実習生の総合所感より

　私は高校3年の頃から"保育士になりたい"という夢を抱き○○大学に入学した。保育士という夢に向かいまっしぐらに突き進んできた。だから，今回の実習は心待ちにしていたはずだったが，保育所でボランティアやアルバイトをした経験がなかったため，実習前はとても不安だった。また，園長先生をはじめ先生方とうまくやっていけるか，という点も不安だった。

　しかし，実習に行き，自分が初心を忘れていることに気がついた。それは"私は子どもが好きだ"ということだ。実習への不安から，子どもが好きという思いが見失われそうになってしまっていた。けれども，実習初日，1歳児クラスの子どもとかかわる中で，子どもに気づかされた。子どもたちは私が思っていた以上に（授業で学んだ1歳児の発達状態以上に）自立していた。実習初日は何でも手を貸そうとしてしまったが，2日，3日と経つうちに"見守る"ことが大切だと，身をもって分かってきた。と同時にただの傍観者にならないよう意識した。

　1クラス10名前後だったので名前もすぐに覚えることができ，一人一人と個別に遊ぶことも多く，日が経つにつれ，それぞれの子どもの性格も少しではあるが，理解できるようになり，日を追うごとに実習が楽しくなっていった。初日，乳児クラスに行った時，いったいどの子が1歳児で，どの子が2歳児なのか全く分からな

> かったが，徐々にそれぞれの発達の違いが理解できるようになった。たったの 10 日間であったが，子どもたちと一緒に生活する中で，数え切れないほどの発見があった。
> 　また，昼食を先生方ととっているとき，先生方はまるで自分の子どものことを話しているかのように，子どもたちの話をしていた。少し，先生方がうらやましく思えた。
> 　実習に行って，"保育士になりたい"という思いはよりいっそう強まった。夏の保育ボランティアには是非参加しようと思っている。これからは，より勉学に励み，知識をふかめていくとともに，ボランティアやアルバイトで保育現場での経験も積み，引き続き保育士への夢へと突き進んでいきたいと思う。

　上記の，総合所感から，実習生の気持ちの変化（不安から充実感へ）や，実習への取り組み姿勢，保育士になりたいという意欲などを読みとることができる。

　ほとんどの実習生は，実習直前や実習初期は不安でいっぱいだろう。実習生は単なる子どもの遊び相手ではない。さまざまな学習課題をクリアしなければならないこと，現場の保育士たちとの人間関係，など実習生を緊張させる要因は少なくない。別の言い方をすれば，実習のはじめの時期は緊張して当たり前なのである。その時期を通り過ぎたら，実習のねらい（養成校が実習生に共通のねらいを持たせるケースと，実習生が個別に自分でねらい設定をするケースがある）を意識しながら，子どもや保育士との関係の中で多くのことを学んでいく。

　今回紹介した総合所感に，「授業での学び」とのズレに関する記述がある。このズレについては本章第1節でも述べたが，実習の時期（2月）を考えれば（ほとんどの子どもがクラスの年齢よりも1年進んでいる），子どもの発達段階に関する養成校内での学びと保育現場での学びがズレることは何ら不思議ではない。これは非常にわかりやすいケースであったが，他にも既習の知識がそのまま現場の保育にあてはまらないことは，珍しいことではない。実習生は実践を通して，既習の知識を適宜修正して，理解を深めていくのである。

　また，この学生は，保育士たちに対する「羨望の眼差し」を表現している。正統的周辺参加論（ジーン・レイヴ／エティエンヌ・ウェンガー，1993）という学習理論がある。これは，人は何らかの社会的実践を通して，生活文脈の

中で主体的な学習を成立させることができること（例えば，徒弟制における弟子の学び，部活動における球拾いの生徒の学び，子どもの遊びに見られる「みそっかす」など）を提示したものである。そしてこの理論の中のキーワードとして，"威光模倣"と呼ばれるものがある。これは，主体的な学習が成立するためには，学習者にとって羨望の眼差しで見られる，モデルとなる人物の存在が必要，ということを示したものである。

端的に言えば，「あの人みたいになりたい」という人物の存在の必要性である。この人物と生活を共にする中で，学習者は，はじめは一人前の扱いをされないが，次第に実践の本質部分に近づいていき，最終的には威光模倣の対象者と同じレベルに達するのである。そして，ここで重要なのは威光模倣の対象者と，生活を共にする（レイブとウェンガーは"世界に潜入する"と表現している）ということである。特に初めての保育所実習においては，現場の保育士は実習生にとって，遠い存在である。「とても先生と同じことはできない」「私はまだまだだ」という思いを多くの実習生はもつ。ごく当たり前のことである。

▶「おはなふいて」「うん。いいよ」
やさしい，子どもに好かれる保育士を見て，実習生は自分も「あの保育士さんのようになりたい」と思う。

しかし，まだ，一人前の行動はとれなくても，実習生が保育の世界に潜入していることは確かである。保育の世界に身を置きながら，保育士の動き，子どもへの働きかけを見て，その経験を継続することによって実習生は，自らの学び（実践に根ざした学び）を深めていくのである。

養成校での授業の多くは，学生に，教員から教えられた知識や技術を身につけていくことを求める。この場合，学生は九分九厘受け身的な立場をとらざるをえない。そして，単位習得のための評価もそのほとんどは，担当教員によって行われる。しかし，実習では（もちろん実習園での評価もあるが），自らの

学習内容を自ら振り返り，自己評価をすることが重要である。この評価の主体は，実習生本人である。自分自身の実習を第三者的立場から見つめ直し，評価をするのである。このことは，先に述べた，保育実践における振り返り，省察の重要性とも関連していることに気づいてほしい。

３　施設（保育所）の評価

　実習終了後，実習生は実習先の保育所から「評価表」を受け取ることになる。評価表の形式は養成校によって異なるだろうが，概ね以下のような項目が評価内容としてあげられているだろう。（実際に使用されている評価表を例として掲載しておくので参考にして欲しい。）

① 実習期間中の態度や姿勢に関する内容
② 子どもとのかかわり方に関する内容
③ 指導実習（責任実習）にかかわる内容

　もちろん，実際には上記の３点をより具体化した評価表をほとんどの養成校は使用していると思う。
　まず①についてだが，保育所実習に限らず，すべての実習に共通する評価項目といって良いだろう。時々，「私としては一生懸命積極的に動こうとしたが，実習園の評価では，積極性が足りない，覇気が感じられないというものであった。納得ができない。」という話をする学生がいる。このような場合，学生が保育所の評価に対して，不信感を持つことも少なくない。学生自身が，積極的に取り組んだと話している以上，少なくとも学生の気持ちとしては一生懸命，真摯に実習に取り組んでいたのだろう。だとすれば，実習先の保育所の評価が間違っている，という見方もできる。けれども，人の心情や意欲に関する評価というのは，一般的に，評価する側の評価観（実習で言えば，保育観なども含む）によって左右される。そのため，一つの実習園での評価を過剰に一般化することは難しい。この状態で，実習生の話と実習園での評価のどちらが正しいか，という議論をしても，その議論は水掛け論になる可能性が高い。

ただし，はっきりしている事実が一つある。それは，一生懸命実習に取り組んでいたという実習生の気持ちが保育所の指導保育士に伝わらなかった，ということである。前向きな実習への意欲や，態度の表現方法が，実習生によって異なるのは当然である。しかし，将来保育士となり，保育現場に立ったとき，保育は他の保育士と協力しながら行われる。保育者同士のチームワークが良好であることは，最終的には子どもの保育の質を高めることに繋がる。それゆえ，自分はどのように表現すれば保育に対する自分の意欲や姿勢が周囲に正確に伝わるのか，実習終了後に考えることは必要であると言えよう。

②についても，①と同様である。子どもへのかかわりの意図などを他者に説明できるようになることは重要である。さらに，②においては，個々の子どもとの具体的なかかわりについて，実習日誌などを読み返すことを通して振り返っておくことも忘れてはならない。評価表ではどうしても，10日間を通しての全体的評価にならざるを得ないからである。個々の事例を頭に思い浮かべながら，評価表の評価を照らし合わせて，再確認することが重要である。

③に関してだが，おそらく部分・責任実習を行った直後に，実習生は指導保育士からさまざまなアドバイスをもらうと思う。その時のアドバイスの内容を振り返り，評価表における評価と結びつけて欲しい。また，実習生の場合，現場の保育士と違い，子どもと触れあう時間が圧倒的に少ない。さらに，最近では，個人情報保護に関する理由のもと，実習園での保育計画や指導計画を実習生に開示しないケースも多々見受けられる。

これらのことは，実習生が子どもの実態を十分に把握する際，大きなハンデとなる。指導計画作成上，正確な子どもの実態把握は不可欠である。それが不十分であるのを承知の上で実習生は指導計画を作成しなければならない。では，実習生が指導計画を作成することは意味がないのか。そうではない。実習生が得られる子どもの実態についての情報量は確かに限られているかもしれないが，指導計画作成の流れ，部分実習や責任実習時における臨機応変な対応，などについては十分学ぶことができる（多くの場合，失敗体験を通して）のである。指導計画作成や責任実習のプロセスについての理解が正確になされていれば，養成校卒業後，実際に保育士になったときに，実習時の経験が生かされる

実習生	所属	○○学部　○○学科	実習期間	2007年　月　日（　曜日）から
	氏名	●●　●●　（●年生）		2007年　月　日（　曜日）まで

実習保育所	保育所名		指導者氏名	
	施設長氏名　　　　　　　　　公印			印

■項目評価　　下記の評価項目について、該当評価を○で囲んでください。
　　　　　　　Ａ…優れている　　Ｂ…ふつう　　Ｃ…劣っている
　　　　　＊ＡＢＣ評価で不充分な場合は、自由記述欄に文章で記述してください。
　　　　　＊下記項目以外について評価する事項があれば、（その他）に記入してください。

	項　目	評　価	自由記述欄（必要な場合に記入してください）
実習態度	1．時間や規則をきちんと守れたか	Ａ　Ｂ　Ｃ	
	2．礼儀や言葉遣いが適切であったか	Ａ　Ｂ　Ｃ	
	3．職員との関係をうまく保てたか	Ａ　Ｂ　Ｃ	
	4．環境整備を積極的に行ったか	Ａ　Ｂ　Ｃ	
	5．積極的に助言・指導を求めたか	Ａ　Ｂ　Ｃ	
	6．興味・関心・疑問を持つ姿勢はどうだったか	Ａ　Ｂ　Ｃ	
	7．努力する姿勢はどうだったか	Ａ　Ｂ　Ｃ	
	8．保育に適する体力は十分だったか	Ａ　Ｂ　Ｃ	
	9．保育に必要な生活技術は身についていたか	Ａ　Ｂ　Ｃ	
	10．（その他　　　　　　　　　）	Ａ　Ｂ　Ｃ	
子どもとの関わり方	1．子どもの態度を把握しそれに応じた対応ができたか	Ａ　Ｂ　Ｃ	
	2．子どもに理解できる言葉遣いはどうだったか	Ａ　Ｂ　Ｃ	
	3．子どもの中に入っていく積極性はどうだったか	Ａ　Ｂ　Ｃ	
	4．偏りなく接していたか	Ａ　Ｂ　Ｃ	
	5．子ども全体に目が届いていたか	Ａ　Ｂ　Ｃ	
	6．保育場面で豊かな表現ができていたか	Ａ　Ｂ　Ｃ	
	7．発達に適した関わり方はどうだったか	Ａ　Ｂ　Ｃ	
	8．子どもに親しまれていたか	Ａ　Ｂ　Ｃ	
	9．生活面の介助や指導はどうだったか	Ａ　Ｂ　Ｃ	
	10．指導計画の立案は適切であったか	Ａ　Ｂ　Ｃ	
	11．部分実習・責任実習に積極的に取り組んでいたか	Ａ　Ｂ　Ｃ	
	12．（その他　　　　　　　　　）	Ａ　Ｂ　Ｃ	

総評	■その他，実習生についてお気づきの点をご記入ください。

本学へのご意見	

図8－1　評価表の例

可能性は高いと言えるだろう。

4 巡回教員の評価

　実習期間中，養成校の教員が巡回訪問指導として実習園を訪れる。緊張して実習に取り組んでいる実習生にとっては，たとえそれが指導を目的とした訪問であっても，養成校の教員と話ができる時間は，ほっとできる時間でもあるだろう。もちろん，教員の巡回訪問指導は，実習生をほっとさせることだけを目的とするものではない。多くの場合，巡回訪問は実習の中盤以降に行われるだろうから，まず教員は，これまで実習がどのような状況で進んできたのか尋ねる。クラスの配属，子どもとのかかわり，指導保育士との関係，責任実習に向けての準備などはよく尋ねられる項目である。それゆえ，実習生は，教員の訪問日が決まったら（おそらく園長や指導担当保育士に尋ねれば教員の訪問日は教えてもらえるだろう。），これまでの実習の流れを整理し，教員への質問内容を明確にしておくことが大切である。教員が実習園にいる時間は限られているので，自分が抱えている課題や，問題点をできるだけ要領よく話せるよう準備しておくことが必要なのである。

　実習終了後，多くの養成校で教員による個別実習事後指導が行われている。この指導を受けるに当って，実習中に教員から受けたアドバイスの内容や，自己課題について整理をしておくと，学びがいっそう深まるだろう。

　保育所実習の成績は，養成校の教員による巡回訪問時の評価のみで決まるものではない。実習事前事後指導の評価，実習園の評価，実習日誌の評価などを総合的に勘案して最終的な評価が下される。まれに，本当は問題を抱えているにもかかわらず（例えば風邪をひいて熱がある，保育士の指導が厳しくて精神的につらいなど）教員の評価を気にして，その問題点を伏せ，順調に実習が進んでいるかのような話しかしない実習生がいる。このような態度から得られるものは，何一つないと言ってもよいだろう。得るものがないだけでなく，身体的な問題であれ，心理的な問題であれ，実習生のコンディションが十分でないことは，結果として保育所の子どもたちに，悪い影響を与えることになりかねない。子どもを危険な状況から守り安全に配慮すること，子どもの最善の利益

を最優先することは，保育士と実習生の間に違いはないことを肝に銘じて欲しい。

3 保育士へのさらなる道

　本章の冒頭で述べたように，保育所実習を無事終えることが，保育士になる上でのゴールではない。また，保育士養成校を卒業することもゴールではない。さらに，保育士採用試験をパスし保育士として働き初めても，まだそこがゴールではないのである。保育所保育指針第13章に，保育士が研修を行うことの重要性が示されているが，研修という枠組みの中だけでなく，保育士一人一人が常に「保育士として成長し続ける」という意識を持つことが必要である。

　保育実践は，ある一定のマニュアルを覚え，それを繰り返し行うものではない。保育士が直面する状況は，日々異なる。保育実践は一回性という性格を持つと言われるが，今日，その時間に起きた出来事と全く同じ状況は，二度と起こらない。それゆえ，マニュアルによる対応は困難なのである。本章でのキーワードは「振り返り」であったが，個々の保育実践を常に振り返ることが，結果として保育士としての成長を促すのである。

　保育実践において，子どもを評価することは当たり前のこととされている。そしてその評価は，保育カンファレンスなどを通して，できる限り妥当性の高い評価であることが目指される。しかし，保育における評価の対象は子どもだけではない。保育士自身も評価の対象となるべきである。評価の方法は自己評価，第三者評価などいろいろな形が考えられるが，自分の保育が今抱えている課題は何か，どのような修正を必要としているのか，などについて保育士一人一人が自覚的になることが重要なのである。　　　　　　　　　　（髙橋）

引用文献・参考文献

第1章
網野武博編『児童福祉の新展開』同文書院　2005

第2章
陳省仁・古塚孝・中島常安編著　粕谷亘正「幼稚園における子どもの発達」
『子育ての発達心理学』同文書院　2003　p.146-166
文部省『幼稚園教育要領解説』フレーベル館　1999

第3章
文部省・厚生省児童家庭局『幼稚園教育要領・保育所保育指針（原本）』
チャイルド本社　1999
日本保育協会『保育所保育指針の解説』日本保育協会　1999
石井哲夫他『改訂保育所保育指針全文の読み方』全社協　1999
森上史朗他編『幼児教育課程・保育計画総論〔第2版〕』建帛社　1999

第6章
『保育所ハンドブック　平成18年度版』中央法規出版
森上史郎他著『最新保育用語辞典』ミネルヴァ書房　1998

第7章
井戸ゆかり・土谷みち子『保育カウンセリング』大学図書出版　2006　p.6-31
無藤隆・岡本依子・大坪治彦編『よくわかる発達心理学』ミネルヴァ書房
　2004　p.194-195
岡崎比佐子他著『〈新版〉新保育原理』萌文書林　2004　p.222-230
「第6節　子育て意識」『第3回幼児の生活アンケート報告書・国内調査』
　ベネッセ教育研究所　2005　p.86-91

第8章
佐藤学『教師というアポリアー反省的実践へー』世織書房　1997　p.58
ジーン・レイヴ／エティエンヌ・ウェンガー　佐伯胖訳『状況に埋め込まれた学習』
　産業図書　1993
厚生労働省『保育所保育指針』フレーベル館　1999
全国保育士養成協議会専門委員会『保育士養成資料集第44号　保育士養成のパラ
ダイム変換－新たな専門職像の視点から』全国保育士養成協議会　2006

執筆者・実習生への一言

●編集
山岸道子
やまぎし・みちこ
前東京都市大学
教授

●実習で保育所に行くと子どもたちのかわいい笑顔が皆さん方を迎えてくれます。子どもたちとのふれあいを楽しみ，保育士の専門的なかかわりに触れていくうちに実習は終わります。短い期間です。五感を全開にして吸収してください。就職のときの自信につながります。

井戸ゆかり
いど・ゆかり
東京都市大学
教授

●実習前は期待と不安が交錯しがちです。不安なことは授業ノートや教科書で確認し，教員に聞いて少しでも取り除いておきましょう。実習は新しい発見があると同時に，自分を見つめ直すよい機会でもあります。さあ，笑顔を忘れずに保育士への第一歩を踏み出しましょう！

榎田二三子
えのきた・ふみこ
武蔵野大学
教授

●緊張と期待をたくさん抱えて臨む実習。あなたの子ども観や子どもへの思い，そして物ごとへの向き合い方が実習に表れます。自分のよさは伸ばし，至らない点は謙虚に受け止める強さを持ち，子どもと日々楽しみつつ成長する保育士になってください。

倉田　新
くらた・あらた
東京都市大学
准教授

●実習によって人生が決まるということもあります。実習によって人間としても成長することでしょう。何事も一期一会，積極的に取り組むことが実習を成功させる鍵となります。

三溝千景
さみぞ・ちかげ
元田園調布学園大学
准教授

●あなたはなぜ実習に行くのですか。実習でなにを学びますか。限られた短時間の実習が充実した実習になるかどうかは，実習生自身の取り組み方次第です。事前の準備から事後の振り返りまで，子ども・保育者・保育実践に学ぶ姿勢を大切に主体的な取り組みを期待します。

髙橋貴志
たかはし・たかし
白百合女子大学
准教授

●約2週間の実習，最初は長いと思っていてもいざ実習が始まれば，あっという間に終ってしまいます。ほどよい緊張感を持ちながら貪欲に「自ら学びとる」姿勢で実習に臨んで下さい。健康管理に気をつけ，充実した実習になることを願っています。

義永睦子
よしなが・むつこ
武蔵野大学
准教授

●実習を通して，ぜひ，子どもとかかわる楽しさ，奥深さを体験してください。そして，保護者の方の思いや，社会から保育士に求められている大きな期待を肌で感じてください。この本が皆さんの実習の時に，またその前後に，学びを深めていく助けとなりますように。

保育所実習

2007年4月1日	第1版第1刷発行
2014年4月1日	第1版第3刷発行

- ●編著者　　山岸道子
- ●発行者　　長渡　晃
- ●発行所　　有限会社　ななみ書房
　　　　　　〒252-0317　神奈川県相模原市御園 1-18-57
　　　　　　TEL　042-740-0773
　　　　　　http://773books.jp
- ●絵・デザイン　磯部錦司・内海　亨
- ●印刷・製本　　協友印刷株式会社

©2007　M.Yamagishi
ISBN978-4-903355-09-2
Printed in Japan

定価は表紙に記載してあります／乱丁本・落丁本はお取替えいたします